歴史文化ライブラリー

592

世界史のなかの沖縄返還

成田千尋

吉川弘文館

目　次

「返還」五〇年後の沖縄——プロローグ

米国が第二次世界大戦後に持っていた沖縄の施政権（立法・司法・行政の三つの権利）を日本に返してから、二〇二二年五月一五日の時点で五〇年が過ぎた。この節目を迎え、沖縄現地や日本の他の地域だけでなく、世界の他の地域でも、沖縄の日本への「返還」「復帰」が注目を集めた。そして、そのなかで沖縄はそもそも日本に「返還」「復帰」すべき地域だったのかという問いも、改めて提起された。なぜなら、沖縄は明治時代に日本の一県となるまでは、琉球王国という独立国だったためである。

首里城にみる沖縄の歴史

琉球王国の象徴であった首里《しゅり》城正殿の前にかけられていたといわれるつり鐘には、このことを示すように、以下のような漢文で書かれた銘文が刻まれている。

琉球国は南海の勝地にして
三韓の秀を鍾《あつ》め
大明を以て輔車《ほしゃ》となし
日域を以て唇歯《しんし》となして
此の二つの中間にありて湧出せる蓬莱嶋《ほうらいとう》なり
舟楫《しゅうしゅう》を以て万国《ばんこく》の津梁《しんりょう》となし
異産至宝は十方刹《せつ》に充満し
地霊人物は遠く和夏の仁風を扇ぐ（書き下しは小島・豊平二〇〇〇、二〇頁を参照）

ここでは、琉球国は日本の南にある仏法が栄えている立派な土地で、朝鮮のすぐれた部分を取り集め、明（中国）や日本とは近くて互いに助け合わねばならない関係にあり、この両国の間にあって、大地から現れた憧れの島であるとされている。また、最後の部分は、異国の産物や貴重な品々が満ちあふれ、土地がらも人々の心も日本や中国のすぐれた徳の教化をもたらしていることを意味している（小島・豊平二〇〇〇、二二頁）。この鐘は、銘文の六行目の、「あらゆる国々への橋渡し」を意味する「万国之津梁」にちなみ、今は「万国津梁の鐘」と呼ばれている。同時期の沖縄は、この文にみられるように、一国として周囲の国々と良い関係を保ち、東南アジア・北東アジアの中継貿易国として栄えていた。

しかし、今の首里城にある鐘は、一四五八年につくられたものの複製である。本物の鐘は沖縄県立博物館・美術館の常設展示のなかにあるが、沖縄戦を経たために真っ黒く焼け焦げ、多くの銃弾や砲弾が当たった痕が、無言のうちに当時の状況を物語っている。

また、首里城そのものも、当時の姿のままではない。創建された当時の城の屋根は板葺《いたぶ》きだったが、何度も火事で焼け、一八世紀から赤い瓦になった。さらに、沖縄が日本の一県となった一八七九年からは、熊本鎮台《ちんだい》の軍隊が駐屯し、一八九六年以降は土地整理局や学校として使用されるなど、その機能すらも変えられていった。古くなった正殿は昭和の初めに解体修理され、一九三〇年代の皇民化運動のなかで、神社の拝殿としての機能も持たされた。そして、アジア・太平洋戦争末期の沖縄戦の最中には、日本軍の司令部壕が置かれたために首里周辺は激戦地となり、城は国宝とされた文化財とともに壊滅した。

沖縄を占領した米軍はこれを再建しようとはせず、城跡には米軍の布令によって琉球大学が置かれていた。一九七二年の日本復帰後にようやく再建工事が始まり、一九九二年に日本復帰二〇周年を記念して国営公園としての首里城の復元が完成したが、その正殿は、二〇一九年一〇月末、普天間《ふてんま》基地の辺野古《へのこ》への移設をめぐって沖縄と日本政府の関係が悪くなるなかで燃えてしまった。そして、二〇二四年の今も、元通りにするための工事が進められている。

このような首里城の歴史に象徴されるように、一五世紀以降の琉球王国は、日本と中国の間に位置するがために、苦難の歴史をたどることになった。

現在からみる「琉球処分」

近代になり、米国やヨーロッパの国々がアジアに進出するなかで、日本が他の国々よりも早く近代化を進める一方、清（中国）の地位は下がった。このなかで、中国の朝貢国の一つであった琉球王国は一八七九年の「琉球処分」を経て、沖縄県として日本の領土に組み入れられた。

その後、日本はアジア・太平洋戦争へと突き進む。沖縄では日本化が進められたが、戦況が悪くなった戦争末期に日本は沖縄を「捨て石」とし、悲惨な地上戦によって多くの住民が命を失った。そして、朝鮮半島の南北の分断、中華人民共和国（以下、中国）の成立と中華民国政府の台湾撤退によって東アジアに対立構造ができていくにつれ、米軍に占領された沖縄は米国の戦略により共産主義陣営に対する基地とされ、一九五一年に調印されたサンフランシスコ平和条約の第三条により、占領から二七年間にわたって軍事を優先した米国の排他的な統治が敷かれることになったのである。

このように、波乱に満ちた沖縄の歴史は、同じ時期の東アジアの状況とも密接な関わりを持ちながら形づくられてきた。日本政府にとって、沖縄の返還問題は、一九七二年の

「沖縄復帰記念式典」の時の佐藤栄作《さとうえいさく》首相、そして「沖縄復帰五〇周年記念式典」の岸田《きしだ》文雄《ふみお》首相の式辞で繰り返されたように、「戦争によって失われた領土」を「日米両国の友好と信頼により」外交交渉で取り戻すことだった（「沖縄復帰五〇周年記念式典　岸田内閣総理大臣式辞」二〇二二年五月一五日、首相官邸ＨＰ）。しかし、「琉球処分」によって日本の一県として組み込まれる前の沖縄の歴史をたどってみると、沖縄は決して最初から日本の一部であったわけではなく、一九七二年に行われた日本への「返還」「復帰」も、そう呼ぶことが正しいのか疑問を感じるところがある。

実際に、「琉球処分」に対する見方は、沖縄と日本の関係によって次第に変わりつつある。沖縄の言語や風習を日本化しようとする同化政策が進められた戦前期には、「沖縄学の父」と称される伊波普猷《いはふゆう》により、琉球処分は「一種の奴隷解放」と肯定的に捉えられ、この見方が戦後に至るまで強い影響力を持っていた。その後、沖縄が米軍統治下に置かれ、日本への復帰運動が行われた一九六〇年代から七〇年代にかけては、これとの関連のなかで、「琉球処分」は日本との「民族統一」のきっかけとされるようになった。しかし、復帰後から徐々に琉球が日本国家へ併合される出来事として描く研究者も現れ始めた。そして、一九九〇年代から続く日米同盟の再編と、解決方法が見出せない在沖米軍基地問題を背景として、沖縄（琉球）の自己決定権に注目が集まるなかで、二〇一〇年代以降、改めて「琉球処分」は「琉球併合」として問い直されるようになっているのである（前田二〇二二）。

東アジアからの視点

また、沖縄に対しては、東アジアの国々からも、最近になって様々な関心が向けられている。大韓民国（以下、韓国）の場合は、一九八〇年代後半に民主化が実現して以降、沖縄の経てきた歴史に対する関心が高まっており、沖縄に関する研究書・翻訳書の出版が増えている。朝鮮が日本に植民地化される前は沖縄と同様に中国の朝貢国であり、戦後に南北に分断された後、南側の韓国では米国の影響を大きく受けた独裁政権が続いてきたという共通性があることが、その理由の一つだと考えられる。

沖縄・韓国の歴史は、清代に中国の直轄領、日清戦争後に日本の植民地となり、戦後は台湾海峡を挟んだ中国との対立のために同じく米国の影響を受けた独裁政権が長く続いた台湾の歴史とも共通する部分がある。米国とソ連が対立した冷戦期、共産主義国との対立の最前線に置かれた韓国と台湾の政府間では、共産主義への反対（反共）を通じた強い提携関係があったが、一方でこれを重視するあまり、両国の人々の権利や自由が抑圧されてきた側面があった。これを打ち破ろうと努力を続けてきた両国の人々の間で、似たような歴史を持つ地域として沖縄が注目されるようになっているのである。

一方で、東アジアでは冷戦期と変わらず、朝鮮半島の南北、台湾海峡を挟む両岸の対立が続いているため、沖縄が安全保障の上で重要だという認識も根強くある。朝鮮半島と台湾海峡の両岸の軍事的な緊張は、日本で沖縄の米軍基地の「抑止力」としての重要性が語られる時にしばしば引き合いに出されるが、日本と米国だけではなく、韓国と台湾の一部の人々の間でもこのような認識が共有されていると考えられる。本書でみるように、沖縄返還が実現する一九七二年以前、韓国と台湾では沖縄が日本に復帰すると米軍基地の機能が低下するとの見方から、基地機能を維持することを求める声があがったためである。対立構造が変わっていない以上、このような認識にも大きな変化はないと思われる。

これに加え、台湾、そして中国では、二〇一〇年代に尖閣《せんかく》諸島（中国では釣魚群島、台湾では釣魚台列嶼）の領有権をめぐる対立が激しくなって以降、この問題の起源を探ることを主な目的とし、終戦前後に中国を代表していた国民党政権の「対琉球政策」を対象とした研究が増えている。今、しばしば「台湾有事」の可能性が論じられるように、台湾は中国から領土の一部とみなされており、一九四三年に連合国首脳が集まって開かれたカイロ会談の時には、日清戦争後に日本によって奪われた領域の一つとして、「中華民国」に返還される予定だった。ただし、一九四九年に国民党政権が共産党との戦いに負け、台湾に逃れたために、台湾の地位は曖昧となり、現在に至っている。中国では、尖閣諸島も台湾の一部とみなされているため、その問題の起源を探ろうと日清戦争の時期にまでさかのぼり、日本の沖縄領有の正当性を問うような研究も現れているのである。

目的と構成

以上のように、沖縄は昔から日本の一部であったわけではなく、戦後は多くの米軍基地が集中している点で特殊な状況に置かれており、周辺アジア諸国からも多様な視線が向けられてきた。本書の目的は、このような沖縄の日本「返還」から五〇年を経た現在において、改めてその過程を東アジア諸国や米国を視野に入れた世界史的な視点から振り返り、沖縄と向き合う視座を提供することである。特に、沖縄の復帰／返還について、基地をめぐる安全保障上の考慮、沖縄戦の戦争体験、そして琉球／沖縄の地位に関する歴史認識に注目しつつ検討する。

次に、構成についてもう少し詳しく述べておく。まず、「沖縄の世替わり」の章では、独立王国だった沖縄が「琉球処分」によって大日本帝国の一県となるまでの歴史を、当時の国際情勢の推移との関わりを重視しつつ概観する。沖縄はいくつもの世替わり、つまり統治者の交替を経験したが、なかでも近代に行われた「琉球処分」は、朝貢体制下における独立国だった琉球王国を、軍隊と警察の動員により滅亡させた事件であり、日本政府が沖縄の人々の意思に反して沖縄に関する決定をした際に、しばしば沖縄で想起される。また、台湾・韓国の植民地化の前に行われた「琉球処分」は、それらの地域への日本の勢力拡大とも密接な関わりを持っている。これは、戦後の両国の沖縄観にも影響を与えているため、沖縄返還について歴史的に考える際に、切り離すことができない史実だといえる。

「「琉球」の帰属をめぐって」の章では、沖縄が日本の一県となった後、日中戦争、日本の敗戦を経て米国の統治下に置かれるまでに、米国と中華民国との間で沖縄の帰属問題に関して行われた協議や、台湾撤退後の中華民国政府の沖縄に対する政策の変化、そして、朝鮮戦争を経て東アジアに冷戦構造が形成されたことが、沖縄の帰属問題にいかなる影響を与えたのかに焦点を当てる。

「国際環境の変化と「沖縄返還」」の章では、冷戦の最前線に置かれ、沖縄の米軍基地が自国の安全保障のために不可欠な存在だとみなしていた韓国政府と中華民国政府や、両国と敵対していた中国や朝鮮民主主義人民共和国（以下、北朝鮮）が、日米間の沖縄返還交渉をどうみていたか、そして一九五〇年代から敵対していた米国と中国が七〇年代に入って接近し始めるなか、沖縄返還の形態がいかに決まっていったのかを、各国政府の公文書や新聞をもとに明らかにする。

「戦争の記憶と「復帰」運動」の章では、米軍統治下に置かれた沖縄の人々が行った復帰運動について、沖縄戦や戦争体験、そして国際情勢との関わりを重視しつつ検討する。タイトルの「復帰」に括弧をつけたのは、沖縄の人々が願った「復帰」と実際の復帰後の現実が大きく違っていたのに加え、沖縄が再び日本の一県となることを復帰と呼ぶのが適切なのかという問題意識があるためである。復帰運動の象徴であり、復帰後初の沖縄県知事となった屋良《やら》朝苗《ちょうびょう》は、晩年まで秘書を務めた石川《いしかわ》元平《げんぺい》（元沖縄県教職員組合委員長）に「勝ち取った復帰だったけれども、課題は多く残っている。復帰の中身を勝ち取るのは君たちの責務だ」と話していたという（沖縄国際大学総合研究機構沖縄法政研究所二〇一六、一一一頁）。本章では、復帰運動を担った沖縄県祖国復帰協議会が編纂した『沖縄県祖国復帰闘争史』の記述などをもとに、復帰運動の変容の過程を明らかにする。なお、「復帰」と同様に日本を「本土」と表記することにも検討の余地があると思われるが、本書では全体を通し、当時使用されていた表記をそのまま使用した。

「「独立」か「復帰」か」の章では、それまでの流れを振り返りつつ、「復帰」とは異なるあり方としての「独立」が、戦後の東アジアでいかに受け止められていたのかについて検討する。エピローグでは、沖縄返還後の沖縄・韓国・台湾の変化をたどりつつ、当時から五〇年余を経た東アジアの現在の状況について考える。

沖縄の世替わり

琉球王国の変容

本章では、独立国であった琉球王国が日本と中国の双方に属する状態となった後、大日本帝国の一県として日本に組み込まれるまでの歴史を、当時の国際情勢の移り変わりとの関係に注目しながらたどっていく。まずは、琉球王国が成立する時期の東アジアの状況についてみてみよう。

明朝の成立と琉球王国の誕生

近代以前の東アジアでは、中国を中心とした秩序がつくられていた。これは、中国の皇帝が周辺の国々の君長に対して命令書と称号を授けて国王とする「冊封《さくほう》」と、それらの国々が定められた年度に使節団を中国に送って貢物を献上し、中国側が恩恵として返礼の品を渡すという貿易のような「朝貢《ちょうこう》」という二つの体制によって成り立っていた。この秩序は、一三世紀から一四世紀半ばにかけてモンゴル民族の王朝である元が中国を支配したことによりいったん揺らぐが、一三六八年に漢民族の王朝である明が建国された後、再び築かれていく。明朝もまた、伝統的な中国を中心とした国際秩序の回復をめざし、近隣諸国に入貢するよう呼びかけた（新城二〇一四、七五頁）。

明ができた当時、沖縄諸島にはまだ統一された王朝はなく、沖縄本島は三山《さんざん》時代と呼ばれる時期にあった。南部・中部・北部にはそれぞれ南山・中山・北山と呼ばれる王国があり、各国が明朝との朝貢関係を結んだ。明は倭寇《わこう》の脅威を理由に、中国の一般の人々が海外に渡ることや貿易をすることを強力に制限したが、琉球については有力な交易国家に育てることを目的に、外交・交易を担う人材を送るなど、様々な優遇措置をとった。閩人《びんじん》三十六姓とも呼ばれるこのような華人（中国人）たちは、那覇《なは》の久米《くめ》村に居留地をつくり、琉球の外交・交易を実質的に担った（上里二〇一〇、一一七〜一一九頁）。

その後、華人と結びつきが強い中山王国の尚巴志《しょうはし》が一四二九年に沖縄本島を統一すると、明は那覇に住む華人を通し、琉球の国内政治にも関わるようになっていった。尚巴志が建てた第一尚氏王朝では、那覇の華人らは時には琉球王府の官職を与えられ、中山王国の都は、一五世紀初頭に浦添《うらそえ》から首里《しゅり》へと移動した。このことは、那覇が港湾都市として発展するきっかけともなり、その後も那覇は海域アジアの交易の拠点として、王国形成の中心になっていった。貿易の範囲は中国・日本・朝鮮にとどまらず、タイやマラッカなど東南アジア地域にも及び、中継貿易と呼ばれる形態がとられた。一五世紀半ばまでの琉球王国は、明朝から与えられた大型の船と、それを動かすすぐれた人々、そして琉球の現地の権力が協力したことにより、「万国《ばんこく》の津梁《しんりよう》」といわれる交易国家として栄えた（上里二〇一〇、一九〜二三頁）。

交隣関係の構築

一方、同じ時期の日本では、一三九二年に足利義満《あしかがよしみつ》が南北朝を合体させ、全国を完全に支配するようになった。成立から間もない明朝が、当時活発になっていた倭寇の活動を抑えるために日本にも協力を求めると、義満はこれに応え、倭寇の取締りにあたった。貿易の実利を得ることも望んでいた義満は明朝に進貢し、一四〇一年に日本国王に冊封された。また、同時期の朝鮮半島では、一三九二年に高麗《コリョ》を滅ぼした李成桂《イソンゲ》が李朝を興し、一四〇一年に明の朝貢国となった。義満は朝鮮とも対馬《つしま》の宗《そう》氏を仲介として国交を開き、隣国としての対等な外交関係（交隣関係）を結んだ（波平二〇一四、二八〜二九頁）。

そして、琉球王国と朝鮮の交流も、この時期から始まった。そのきっかけは、高麗末期の一三八九年に、琉球中山王である察度《さつと》が送った使節が、倭寇に捕まった朝鮮の漂流民と特産品を乗せて高麗を訪れたことだとされる。高麗では、初めは琉球使節に対する疑いもあったが、話し合いを経て、漂流民の送還に対するお礼として琉球使節をもてなし、お礼の品を送ることが決まった。琉球使節が帰国する時には、報聘使《ほうへいし》という使節が琉球に派遣された（孫承喆二〇一一、一九頁）。

琉球・朝鮮間の友好な関係は、高麗に代わって李朝が建国された後も、貿易や漂流民の送還を通して続くことになった（孫承喆二〇一一、二九～三〇頁）。また、第一尚氏王朝の成立以降、琉球王府は統一王朝の宗教的な力として仏教を積極的に取り込んだため、琉球では仏教が栄えるようになり、数々の寺院が建てられた。そのなかで、当時の仏教世界で最もすぐれた経典として知られていた高麗大蔵経《こうらいだいぞうきょう》を寺に安置することが、王府の権威を高めることにもつながると考えられるようになった。そこで、王府は大蔵経を手に入れるため、東南アジア貿易で得た南方の物産を朝鮮に送り始めた。この結果、一四五五年以降、朝鮮から五回にわたって大蔵経が贈られ、一五〇二年に首里の円覚寺《えんかくじ》の前の円鑑池《えんかんち》に建てられた蔵経閣に納められた（河宇鳳二〇一一、一六二～一六四頁）。また、琉球から李朝に派遣された使節は偽の使節である可能性もあるとされるが、朝鮮側はそれを知りつつも、彼らが朝鮮の漂流民を送り返していたことや、使節を応接しないことが外交上の過失になることなどを前提にして、彼らに対応していたとされる（孫承喆二〇一一、三八頁）。このように、この時代には、日本・琉球・朝鮮は、冊封・朝貢体制下の王国という横並びの形で、貿易や使節の交換を通して、友好な関係を保っていたのである（波平二〇一四、三〇頁)。

琉球王国をめぐる国際環境の変化

「万国の津梁」として栄えた琉球王国の力は、一五世紀の後半になるとかげりをみせるようになる。一四六〇年代後半に、明朝が朝貢の際の大型海船の支給をやめたり、福州《ふくしゅう》への入港の一元化などの制限を打ち出したことが原因だった。琉球使節による不祥事のために琉球の貢期が制限され、貿易上の琉球の優位が失われたことも一因となった。また、王位継承争いや、地域の首長である有力按司《あじ》の反乱などにより、王国内部の政治も不安定になった。

その後、尚円《しょうえん》によって第二尚氏王朝が開かれ、一六世紀初めに周辺地域に侵攻すると、奄美《あまみ》諸島と宮古《みやこ》・八重山《やえやま》地域を含む島々が琉球王国の支配下に置かれることとなった。こうして政治・交易体制が再編されるなかで、琉球王国は同時期に始まった世界規模の交易ブームのなかに巻き込まれていく。しかし、この時期になると、倭寇に代表される民間の交易勢力の進出と、ヨーロッパ勢力の東南アジアへの進出による交易ネットワークの変化によって、琉球王国の中継貿易は衰えていった(上里二〇一〇、一二三〜一二七・四一〜五二頁)。

また、日本では一四六七年から応仁の乱が起き、その後は戦国時代に入っていた。このようななかで、最終的に日明貿易を独占した大内《おおうち》氏が一五五一年に衰退すると、日明間の貿易は途絶え、これが薩摩《さつま》・大隅《おおすみ》地方を統一した戦国大名島津《しまづ》氏と琉球王国の関係に影響を与えることになった。この時期は琉球に行く日本商人が増えていたが、日本商人が薩摩の領海を通って琉球に行く際に薩摩から許可を得る必要があったため、島津氏は領海権の侵犯を防ぐことを名目として、島津の印判のない商船との貿易は認めないよう、室町幕府を通じて琉球王府に求めた。これによって島津氏の琉球に対する特権は動かぬものとなったが、多くの日本商船との貿易を望んでいた琉球側は要求をすんなりと受け入れることはできず、両者の関係が悪くなったのである。（新城二〇一四、一〇五頁）。

一方、使節の派遣などを通して続いていた朝鮮と琉球王国の交流は、後期倭寇の活発化を背景に、北京を通して行われるようになった。そのきっかけは、一五三〇年に済州《チェジュ》島に流れ着いた琉球人を送り返す時、朝鮮朝廷が彼らを中国の北京経由で送還すると決めたことだった（孫承喆二〇一一、三八～三九頁）。朝鮮に向かう琉球の交易船に対する倭寇の略奪や、琉球人を装った偽の日本人使節の訪問などのため、この時期の朝鮮と琉球は、「日本に対する不信と牽制の意識を共有」し、強い連帯意識を持っていたとされる（河宇鳳二〇一一、一八九頁）。このように、一五世紀後半には、世界規模の交易ブームによって琉球王国の地位が低下し、日本も戦乱の時代を迎え、そのなかで倭寇の活動によって各地で日本に対する被害意識が生まれるなど、冊封・朝貢体制下の安定した秩序は次第に揺らいでいった。

薩摩の琉球侵攻

そして、中国の朝貢国だった琉球王国の地位は、一六〇九年三月に行われた薩摩の琉球侵攻の後、大きく変わることになる。この時期、日本では全国を統一した豊臣秀吉《とよとみひでよし》が、一五九二年から九七年にかけて明を征服するために二度にわたって朝鮮に兵を送ったため、東アジアには新たな混乱が生まれていた。そのなかで、秀吉の死後、一六〇〇年の関ヶ原の戦いを経て江戸幕府を開いた徳川家康は、琉球を幕府に従属させ、明との貿易を復活させる交渉に利用しようと考えた。その意図をみてとった琉球王府は、明との冊封・朝貢関係のなかで王国体制を保とうとしたが、琉球をめぐる問題を任された島津氏は琉球王国を「附庸《ふよう》国」として扱い、問題を解決しようとした。これにより、関ヶ原の戦いの際に西軍についた自藩に対する家康の信頼を取り戻すとともに、財政を再建し、当主である島津忠恒《ただつね》による権力の統一を図ろうと考えたのである（新城二〇一四、一〇八〜一〇九頁）。

その後、島津氏はまず奄美大島への出兵を計画したが、これは明の冊封使が琉球を訪れたことを理由に中止された。この時、琉球国王である尚寧《しょうねい》は中国商船の琉球への渡航と外交にたけた新たな華人を派遣するよう明朝に求めたが、日本を警戒する明朝はこれを認めなかった。これを知った島津氏は、琉球に対し兵を送ることを認めるよう家康に求め、一六〇九年二月に、尚寧に対して日明貿易の復活を斡旋すれば出兵を中止するという最後通牒を発した。そして、琉球側がこれに応じられないとみて、三月に樺山久高《かばやまひさたか》を総大将に、約三〇〇〇の兵と八〇隻余りの軍船を琉球に差し向けた。装備に勝り、戦いを重ねてきた薩摩軍の攻撃を受けた王府軍に勝ち目はなく、尚寧は開城して和睦を申し入れざるを得なかった（新城二〇一四、一〇九〜一一〇頁）。

この結果、琉球王国の存続は認められたが、琉球の支配権は島津氏に与えられ、一六一一年九月に奄美大島・喜界《きかい》島・徳之《とくの》島・沖永良部《おきのえらぶ》島・与論《よろん》島の五島が島津の領土、沖縄諸島以南が琉球王府の領土とされた。また、島津氏は尚寧らに忠誠を誓う起請文《きしょうもん》を提出させ、守るべき決まりとして「掟《おきて》」一五条を申し渡すなど、その支配を強固なものにしていった。一方で、新たに将軍となった徳川家光《いえみつ》が鎖国政策を打ち出した後も、琉球は幕藩体制下の「異国」として中国と日本を結ぶ交易・情報ルートの役割を担わされるとともに、キリスト教伝来の防波堤とされることになった（新城二〇一四、一一一〜一一二・一一五〜一一六頁）。

清の成立と国際関係の変化

また、豊臣秀吉による朝鮮半島への出兵は、明と李朝にも大きな影響を与えた。この時期に朝鮮以外に寧夏《ねいか》、貴州《きしゅう》で起きた兵乱にも対応せねばならなかった明は、このために国力が衰え、李朝も朝鮮半島が戦場となったため、はかりしれない被害を受けたのである。この結果、一六一六年に満洲で女真《じょしん》族が興した後金が、一六三六年に清と国号を変え、一六四四年には明を滅ぼし、中国全土の統一に着手した。豊臣秀吉による出兵は、中国では「万暦朝鮮の役」、韓国では「壬辰倭乱」と呼ばれ、いずれも日本が行った加害の歴史として、現在に至るまで広く記憶されることになった。

薩摩が琉球を支配するようになったため、一時期強まっていた琉球と朝鮮の交隣関係は一〇年にわたり途絶えたが、一六二一年から再び外交文書の交換が始まり、一六三八年まで七回にわたって往復文書が交わされた。一六二一年の文書は琉球側が送ったものであり、尚豊《しょうほう》が王位を受け継いだことを伝え、一六二二年に朝鮮側が漂流民を送り返したことに対し感謝し、島津侵攻から一〇年後に再び明に朝貢を始めたとして、冊封を受ける国同士の友好を誓ったものだった（孫承喆二〇一一、四二一～四三頁）。

しかし、朝鮮からは、一六三六年以降、琉球に対して文書は送られなかった。明の後に成立した清が、朝鮮に対して冊封関係を結ぶことを強い、両国間で戦乱が起きたためだった。この結果、負けた朝鮮側は清朝に進貢使節を送り、冊封を受けるようになった。

琉球もまた、明朝から受けた勅印を一六五三年に返し、六三年から清朝の冊封を受けるようになる。しかし、以前のように国家同士の使節の派遣による朝鮮と琉球の接触は行われず、時々漂流民の送還は行われたものの、明の時代のような交隣関係はみられなくなった。その背景には、一六四四年に中国の王朝が明から清に代わってから、江戸幕府・薩摩・琉球のいずれもが琉球と日本の関係を隠そうとしていたことがあった。また、清に服属した朝鮮も、女真族が漢民族ではないことを理由に、自らが中華文明を継承しているという「朝鮮中華主義」によって自尊意識を強め、中国から距離を置いた新たな独自の交隣体制をつくろうとしていた。このようななかで、朝鮮と琉球との交流は以前のような意味を持たなくなっていたのである（孫承喆二〇一一、四四〜四五頁）。

こうして、朝鮮出兵後の東アジアの国際関係は、中国で明に代わり清が誕生したことにより、それ以前とは変化していった。中国は依然として東アジアの中心にあったが、琉球は朝貢関係を維持しつつも薩摩の支配下に組み込まれ、朝鮮半島の李朝も朝鮮中華主義を強めていき、琉球と朝鮮の関係もそれまでより弱まった。このようななかで、東アジアは近代を迎えることになる。

大日本帝国の拡張

欧米諸国の東アジア進出と明治政府の成立

この節では、一九世紀半ば以降に欧米諸国のアジアへの進出が始まってから、一九三七年に日本と中国の間で戦争が起きる前までの、東アジアの情勢の変化をたどっていく。欧米の強国が植民地の獲得をめざしてアジアに進出し始めると、清を中心とした東アジアの冊封・朝貢体制は揺らぎ、ついには消滅することになる。自国が植民地化されるかもしれないという危機感のなか、日本は東アジアでいち早く近代化し、清に代わる勢力として台頭し、沖縄・台湾・朝鮮・中国へと、勢力の拡大を続けていく。ここでは、その過程について詳しくみてみよう。

この時期も鎖国を続けていた日本は、欧米列強のアジアへの進出に対し危機感を強めていた。特に、アジアの大国とみなされていた清が一八四二年にイギリスとの間で戦われたアヘン戦争で負け、イギリスをはじめとする列強の進出が強まったことは、日本に大きな影響を与えた。それまで異国船打払令を含む厳しい鎖国政策をとっていた江戸幕府は、来航した異国船に薪水《しんすい》・食糧を与えるとする薪水給与令を同じ年に発し、対外的な緊張を緩めようとした。このようななか、鎖国を続ける日本を開国させるため、欧米諸国はその足がかりとして琉球に注目するようになってゆく。

その後、フランス・イギリスなどが汽船の寄港地や東アジア市場への足がかりとして琉球を訪れるようになるが、琉球王府が欧米諸国に対して門戸を開くきっかけとなったのは、一八五三年五月の、浦賀《うらが》に立ち寄る前のペリー（Matthew Calbraith Perry）の来航だった。琉球側は、欧米諸国との接触によって日清両属的な王国体制が崩れることを恐れ、彼らを琉球から立ち去らせようと手を尽くした（新城二〇一四、一九四頁）。しかし、その後ペリーが江戸幕府に開国するよう圧力をかけ、幕府が一八五四年三月に日米和親条約を結ぶと、琉球王府も米国と琉米修好条約を結んだ。これは、自由貿易や米国船舶に薪水を提供することを定めた条約であり、「主権国家」、つまり独立国同士の条約という建前のもとに締結・批准されたため、この過程で琉球は主権を持つ「国家」として米国から認められることになった（前田・古波藏・秋山編二〇二一、二二一～二二三頁）。

その後、江戸幕府はイギリス・ロシア・オランダ・フランスと修好通商条約を締結し、なし崩し的に欧米へと門戸を開いてゆく。幕府の力の衰えが明らかになるなか、一八六七年一一月に徳川慶喜《よしのぶ》が朝廷に政権を返すことを申し出、翌年一月に天皇を中心とする明治新政府が誕生した。そして、戊辰《ぼしん》戦争を経て国内を統一した明治新政府は、天皇を中心とした中央集権的国家体制の建設へと乗り出した。

台湾出兵

新たに発足した明治政府は、清朝の冊封・朝貢体制下にある琉球王国を解体し、名実ともに日本の領土とすることをめざすようになる。しかし、清朝と琉球の双方から簡単に理解を得ることはできないと考えられたため、いくつかの段階を経ることになった。

まず、一八七一年に廃藩置県を行った時、琉球はそれまでのように薩摩（鹿児島県）に組み入れられた。しかし、翌七二年、明治政府は琉球に「維新慶賀使」として使者を送るよう促し、派遣された使節に琉球王尚泰《しょうたい》を「琉球藩王」として「冊封」する詔書を公布し、琉球を外務省の管轄とした（前田・古波藏・秋山編二〇二一、二七〜二八頁）。これにより、琉球王国は天皇が任命する藩王が治める琉球藩となり、政府の直轄領とされた。

一方で、日本は冊封体制の中心（宗主国）であった清や隣国の朝鮮とも近代的な外交・通商関係を結ぶことを求め、一八七〇年から交渉を行っていた。この結果、清との間には、相互に外交使節領事の駐在、領事裁判権を認めた対等な条約である日清修好条規と通商章程が、翌七一年に結ばれた。この内容は日本側に不満が残ったものの、宗主国である清と対等な条約を結んだ日本は、この時に琉球・朝鮮より上に立つことになった。

一八七三年になると、鎖国を続ける朝鮮に出兵するか否か（征韓論）をめぐって明治政府の内部で対立が起きた結果、征韓論を主張する西郷隆盛《さいごうたかもり》ら五参議が辞任し、政府の実権は欧米視察を経た大久保利通《おおくぼとしみち》らによって握られた。これを機に、征韓派の士族・軍人を中心に反政府熱が高まったが、それを抑え、また琉球を日本に組み入れるために利用されたのが、七一年末、台湾に漂着した琉球（宮古島）の漁民五四人が地元住民に殺害された事件だった。日清修好条規の批准後、明治政府は台湾・朝鮮・琉球に対する清の認識を探らせ、同政府が琉球人を日本人としては認識しておらず、また台湾を中国の教化の及ばない「化外《けがい》の遠地」として事件に関わろうとしていないという情報を得た。このため明治政府は、先に琉球藩を置いたことを理由に、琉球人殺害の報復としての台湾への出兵は正当だと解釈し、台湾出兵を企てたのである（新城二〇一四、二〇八頁）。

出兵は欧米からも批判の対象となったが、一八七四年五月に総司令官である西郷従道《つぐみち》の独断で出兵が行われ、清国政府は大きな衝撃を受けた。日清間の交渉は長引いたが、イギリスの仲介により、「清の領土である台湾で生蕃《せいばん》が蛮行を働いた責任は清にあり、日本の軍事行動は正義だった」として、清に五〇万両の賠償金を支払わせることで決着した。明治政府は、この時に結ばれた条約のなかの、台湾住民が害を与えたとされた「日本国属民等」に琉球人も含まれるとみなし、琉球が日本であると清が認めたと解釈した。副島種臣《そえじまたねおみ》外務卿は同年、「国体政体永久に変わらず、清国交通もこれまで通り」の確約文書を取り交わした上で、琉球側に米国・フランス・オランダと結んだ条約書を提出させるとともに、「廃琉置県」に向け、琉球藩の管轄を外務省から内務省に移した（新城二〇一四、二〇八～二〇九頁）。

「琉球処分」と日清交渉

琉球が日本であると清に認めさせたと考えた明治政府は、その後、琉球を日本の一県として組み込む手続きを進めた。まず、一八七五年三月に、明治政府は池城安規《いけぐすくあんき》親方ら琉球王府高官を上京させ、台湾出兵は琉球のためだったと強調し、琉球を日本に帰属させるという意向を伝えた。次いで、藩王尚泰を上京させ、鎮台《ちんだい》の分営を設置し、県政に向けて藩政改革を行うことなどを迫った。池城らは前にみた確約文書を盾に抵抗したが、政府は同年七月に内務大丞《ないむたいじょう》・松田道之《まつだみちゆき》に池城らを伴わせて琉球に派遣し、宗主国としての清との関係を断ち、明治の年号を使うことなどを命じた。これを受けた王府は、これまでの日清両属的な状態を保持してもらうよう何度も歎願したが、松田の強硬な姿勢は変わらなかった（新城二〇一四、二〇九～二一〇頁）。

翌年、琉球王府が清に使節を送り、日本への併合が強制的に行われようとしていると訴えたため、初代駐日公使・何如璋《かじょしょう》が明治政府と交渉しようと試みたが、明治政府側は琉球に関する措置は国内の問題だとして応じようとしなかった。一方、明治政府は琉球藩の東京駐在制を廃止し、松田を再び琉球に派遣したが、清の救援を信じる王府は、日清両属による藩政の維持を訴えるだけだった（新城二〇一四、二一一頁）。琉球を説得し併合するのは難しいと知った明治政府は、藩王の逮捕権を含む武力を背景とした処分案を決定し、一八七九年三月に処分官・松田道之が軍隊・警官約六〇〇人を率いて琉球に向かった。松田らは、琉球藩を廃して沖縄県を置くと首里城内で王府首脳部に伝え、反対派の歎願には一切耳を傾けず、処分を断行した。こうして、約四五〇年間続いた琉球王国の歴史は、幕を閉じることになった。

ただし、「琉球処分」に対しては、王府氏族らが清に亡命し、救援を求める救国運動を行ったほか、琉球内部でも血判書による県政への不服従運動が展開されるなど、根強い反発が続いた。清もこれをすぐには認めず、世界旅行の途中で中国に立ち寄った前米国大統領グラント（Ulysses S. Grant）に問題の調停を頼んだ。このため、琉球の帰属問題は国際化していった（前田・古波藏・秋山編二〇二一、三〇頁）。

その後、グラントと日本側の話し合いを経て、一八八〇年三月から予備交渉が始まったが、日本側は「琉球問題で事を荒立てるより、清国の要求を考慮に入れ、中国大陸の豊かな資源に目を向けたほうがよい」というグラントの助言により、中国側に対し「分島・増約（改約）案」を示した。それは、沖縄諸島以北を日本領土、宮古・八重山諸島を中国領土とし、これを認める代わり、日清修好条規に日本商人が中国国内で欧米諸国並みの商業活動ができるよう条文を追加（増約）する、というものだった。

一方、清側もグラントの提案として、奄美諸島以北を日本領土とし、沖縄諸島を独立させて琉球王国を復活させ、宮古・八重山は中国領土とするという、「琉球三分割案」を示した。日本側はこのような案を予想しておらず、担当者は提案を拒絶して帰国した。これを受け、清は八月に正式交渉に向けた話し合いを行った時、三分割案がグラントの提案ではないことを認め、対案も示せなかったため、日本案で正式交渉を行うことに同意した。そして、その後北京で行われた日清間の正式な交渉の結果、両国は一〇月二一日に分島・増約案に合意した（新城二〇一四、二二五頁）。

日清戦争と覇権の交替

しかし、その後清側が日清修好条規の改約による国内市場の混乱や、台湾・朝鮮に対する日本のさらなる進出を恐れたこと、琉球の亡命者が「日本への帰属反対」「琉球二分割反対」の請願を繰り返したことなどから、この条約の調印は先延ばしとなった。翌年一月に日本側代表らが帰国すると交渉は物別れになり、光緒帝《こうしょてい》からの要請によって一八八三年まで非公式の会談が持たれたものの、決着はつかなかった（新城二〇一四、二二六頁）。このため、中国の一部の人々は、今も「両国は琉球問題について如何なる条約も締結しなかった」と捉えている（笘米地二〇一五、五三〜五四頁）。しかし、その間にも、明治政府は一八七九年四月に沖縄県を設置して県令を置き、旧支配者層や中国の反発を避けるため、以前からの土地・租税・地方制度などは温存しつつも、徐々に日本への同化を進めていった。

このようななか、一八九四年に起きた日清戦争で日本が勝利すると、沖縄の日本への帰属は決定づけられ、当時の東アジアでは日本が清よりも上に立っていることが示された。また、日清戦争が始まった時、沖縄では「琉球処分」前後からみられた親清派（頑固党）と親日派（開化党）の対立が再び起こり、「清国の南洋艦隊が沖縄を攻撃する」などの根拠のない噂が飛び交った。県内は動揺したが、翌九五年に日本が勝利すると、頑固党の望みもすべて断たれ、沖縄の多くの人々が日本への同化を受け入れるようになった。日清戦争後に結ばれた下関《しものせき》条約のなかで、中国が朝鮮の宗主権を放棄してその独立を認めたことは、冊封・朝貢体制の終焉も意味しており、琉球王国が復活する根拠もこの時に失われたためである（新城二〇一四、二二七頁）。その後の沖縄は、王国時代の諸制度の改革を経て、近代化へと向かってゆく。

また、下関条約によって台湾は遼東《りょうとう》半島・澎湖《ほうこ》諸島とともに日本に割譲され、その後は五〇年にわたり日本の植民地支配下に置かれた。清は二億両の支払いのほか、多くの通商上の特権を認めざるを得なくなり、さらに国力を低下させた。一方、日本は一九〇四年から〇五年にかけて起きた日露戦争を経て朝鮮を保護国化し、人々の抵抗を武力で弾圧しつつ、一九一〇年には併合し、植民地とした。

ただし、このような清と日本の地位の交替を、中国の人々が当然のことと考えたわけではなかった。その後、日本が中国で勢力を拡大し、中国で反日感情が高まっていくにつれ、日本に奪われた国土を取り戻すことを求める声も高まっていく。そして、台湾・中国東北部と並んで、琉球もその一つとみなされるのである（徐一鳴・张生二〇一九、一〇七頁）。

以上のように、中国の冊封・朝貢体制下の独立王国であった琉球王国は、一六〇九年の薩摩藩による侵攻を経て日中両属状態となり、一八七九年の琉球処分を経て、日本の一県となった。その前の過程で起きた豊臣秀吉による朝鮮出兵、そして琉球処分に続く台湾・韓国の植民地化は、現在も東アジアにおいて日本の加害が問われる際に、切り離せない歴史的な出来事として想起され続けている。次に、日中戦争、第二次世界大戦、国共内戦、朝鮮戦争を経て、これらの地域の日本と沖縄に対する見方がどのように変化していくのかを確認しよう。

「琉球」の帰属をめぐって

日中戦争の始まりと「琉球奪回」論

本章では、日中戦争の開始前後から、世界的に植民地となっていた国々の独立などの大きな変化があった一九六〇年にかけての時期に、東アジアで沖縄の帰属問題をめぐっていかなる動きがあったのかをたどっていく。特に、中華民国の建国から台湾撤退に至る国際秩序の変化のなかで、米国が日本に潜在主権を認めつつも沖縄を排他的に統治するという方針がいかに決定されたのか、そして戦後に朝鮮半島の分断と台湾海峡の両岸の対立という冷戦構造がどのように形成され、それが沖縄の帰属問題にいかに結びついていたのかに着目する。

中華民国の誕生と混乱

まず本節では、第一次世界大戦を経て世界の五大国の一員となった日本が、一九三〇年代以降に戦争へと突き進み、敗戦を迎えるまでの歴史を概観する。特に、日本と戦った連合国側の戦後国際秩序構想のなかで、沖縄の地位がいかに論じられていたのかに注目する。では、一九三七年に日中戦争が始まるまでの東アジアの状況の変化を確認しておこう。

欧米列強による半植民地化が進んでいた中国では、一九一一年一〇月に武昌《ぶしょう》で清朝を倒すために立ち上がった革命軍に各地の革命派が応じ、翌一二年一月に、清に代わって中華民国が成立した。当初は革命の指導者であった孫文《そんぶん》が臨時大総統となったが、清朝最後の皇帝である溥儀《ふぎ》を退位させることと引き換えに、清朝の内閣総理大臣の袁世凱《えんせいがい》が臨時大総統、次いで大総統となり、革命勢力を弾圧していった。その後、袁は日本が中国での権益を拡大するため、第一次世界大戦の最中の一九一五年に突きつけた二十一ヵ条の要求を受け入れ、これを受けた反日・反袁運動の高まりのなかで急死した。

一九一九年に開催されたパリ講和会議で、二十一ヵ条の要求の撤回と旧ドイツ領山東《さんとう》省《しょう》の利権の中国への返還を求める中国代表の主張が退けられると、これに対する反発から同年五月四日には北京での学生デモをきっかけとした五・四運動が起こり、それはさらに日本と結びついた軍閥政府と帝国主義に反対する民衆運動へと発展した。

このようななか、孫文が同年、革命勢力からなる中国国民党を創設した一方、一九一七年のロシア革命の影響を受けた陳独秀《ちんどくしゅう》らは、二一年に中国共産党を結成した。両者は一度は新たな革命路線のもとに提携し、北方軍閥の打倒（北伐《ほくばつ》）による中国の統一をめざしたが、二七年に国民党軍の総司令官・蒋介石《しょうかいせき》が上海で反共クーデターを起こし、南京に国民政府を樹立したために対立が深まり、両者の協力関係は崩れた。クーデター以降、共産党が各地の農村に解放区をつくり、三一年に江西省瑞金《こうせいしょうずいきん》を首都とした中華ソビエト共和国臨時政府を樹立した一方、国民党は共産党に対する武力攻撃を始め、中国は内戦状態に陥っていった。

日中戦争の始まりと国共合作

この間、日本は一九二一年のワシントン会議の後は米英との協調政策をとり、中国に対し干渉しないようにしていたが、一九二七年以降の金融恐慌や中国での北伐の進展に伴い、武力によって勢力範囲を広げようとする動きが強まった。そして、二七年から二八年にかけては三次にわたる山東出兵を行い、二八年には中国東北部で、満洲を中国から独立させようと図った関東軍が、張作霖《ちょうさくりん》爆殺事件を起こした。しかし、これに反発した張作霖の息子の張学良《がくりょう》が国民政府に身を投じたため、二八年の時点で中国の統一が蒋介石によりほぼ達成された。

国民政府が満洲の日本権益を取り戻す意向を明らかにすると、危機感を抱いた関東軍は、武力によって満洲を中国の主権から切り離し、日本の支配下に置こうともくろむようになる。関東軍は、一九三一年九月に奉天《ほうてん》（現瀋陽《しんよう》）郊外の柳条湖《りゅうじょうこ》で南満洲鉄道の線路を爆破し、これを中国国民党軍によるものと偽って軍事行動を始めた（満洲事変）。さらには、満洲の支配を確立しソ連に対する基地とするため、一一月に清朝の皇帝であった溥儀を迎え、翌三二年三月には彼を執政、後に皇帝とする満洲国を建国した。

しかし、中国が日本の行動が侵略にあたると国際連盟に訴えたため、イギリスのリットンを団長とする調査団が日本と中国に派遣された。調査団は、満洲国の特殊な事情を理解し、日本の権益の尊重をうたう反面、満洲国の成立は認められないとする妥協的な内容の報告書を一〇月に提出した。翌三三年の国際連盟の臨時総会で報告書が圧倒的な多数で可決されると、日本は同年三月に国際連盟を脱退し、国際社会で孤立の道を歩んでゆく。そして、三四年にはワシントン海軍軍縮条約を単独廃棄、三六年には第二次ロンドン海軍軍縮会議を脱退し、三七年七月に北京郊外の盧溝橋《ろこうきょう》付近で起きた日中両軍の武力衝突をきっかけとし、宣戦布告がないまま、泥沼の日中戦争へとのめりこんでいった。

一方、満洲事変の後、中国では日本の侵略に抵抗し、国を滅亡から救おうとする世論が高まった。しかし、蔣介石は「安内攘外《あんないじょうがい》」、つまり、国内の反政府活動を抑えてから日本の侵略に対応するという政策をとり、一九三〇年末から共産党の臨時政府の根拠地に五次にわたる包囲攻撃を行った。臨時政府は持ちこたえられず、三四年一〇月から陝西省《せんせいしょう》北部に向けて大行軍（長征）を行ったが、その後も共産党への攻撃は続いた。しかし、三五年以降に日本が国民政府の支配下にあった華北五省を政治的に切り離し、親日化しようとすると、共産党は「抗日救国のため全同胞に告ぐるの書」（八・一宣言）を発表し、内戦の停止と日本に対抗する民族統一戦線の結成を訴えた。そして、三六年一二月に西安《せいあん》で張学良の軍隊が蔣介石を逮捕・軟禁し、団結して日本に対抗するよう求めた西安事件を経て、三七年に盧溝橋事件が起きると、国共の合作は具体化し、抗日民族統一戦線が結成された。

「琉球奪回」への意志表明

ところで、一九二七年以降は共産党に勝つことを一番の目標にしていた蔣介石は、一九三二年九月の時点で、既に日記に「一九四二年の中秋節までに満洲を回復し、朝鮮を解放し、台湾と琉球を奪回できるはずだ」という期待を記していた。そして、日中戦争が始まった翌年の四月には、国民党の臨時全国代表大会で、台湾・琉球は日清戦争後に失われた領域だという認識を初めて公に明らかにした（Xiang Zhai 二〇一五、一一三頁、徐一鳴・张生二〇一九、一〇七～一〇八頁）。

一方、当時の戦況をみてみると、一九三七年一二月の首都南京の陥落を受け、蔣介石は首都を重慶《じゅうけい》に移して日本に対する抵抗を続けていた。予想外の長期かつ大規模な戦争が経済を圧迫するなか、日本政府は戦略物資の獲得などを目的に南進政策をとり、四〇年三月には南京に汪兆銘《おうちょうめい》政権を樹立し、状況を変えようとした。しかし、中国側の抵抗は続き、農村・山間部では共産党軍が遊撃戦によって日本軍を混乱させ、米国との関係も悪化していった。そして、四一年一二月、日本海軍による真珠湾への奇襲攻撃と陸軍のマレー半島上陸をきっかけとして、ついにアジア・太平洋戦争が始まった。
開戦後、日本は半年ほどで東南アジアのほとんど全域を占領し、「大東亜共栄圏」をつくるという戦争目的を掲げ、これまでの支配者に対する民族運動を促そうとした。しかし、日本軍の作戦上の必要を何よりも優先し、住民の動員や強制的な同化政策、略奪的な資源の収集などを行ったため、各地で抗日運動が生まれた。米英ソ中をはじめとする連合国二六ヵ国も、日本を含む枢軸国側に対して単独で休戦・講和せず、徹底的に戦い抜くことを明らかにする連合国共同宣言を四二年一月に発表し、同年半ばから反撃を始めた。

このようななか、中華民国の宋子文《そうしぶん》外交部長は、一九四二年一一月の記者会見で、中国は満洲・台湾・琉球を取り戻し、朝鮮を独立させねばならないと示唆した（Foreign Relations of the United States〈以下、FRUS〉: Diplomatic Papers, 1942, China, Doc. 150）。また、ルーズベルト（Franklin D. Roosevelt）大統領の招請を受け訪米することになった宋美齢《そうびれい》夫人に、蔣介石は満洲、旅順《りょじゅん》・大連《だいれん》、台湾、琉球は中国に返還されねばならず、中国はこれらの地域で米国による海空軍基地の使用を認めるだろうとルーズベルトに伝えるよう念押しした。宋美齢は四三年三月にルーズベルトと会談した後、彼が「琉球と台湾は将来中国に帰属（revert）すべきだ」と合意したと蔣介石に伝え、蔣介石も同月に出版した書籍『中国の命運』のなかで、琉球は中国の国防にとって重要だという考えを再び明らかにした。

(Xiang Zhai 二〇一五、一一三三頁、侯毅二〇一七、二〇六〜二〇七頁)。さらに、ハル(Cordell Hull)国務長官は、五月に訪米したイギリスのイーデン(Robert Anthony Eden)外相と会談した後、宋子文に対して米英首脳部はともに中国の権利を尊重しており、「台湾、琉球、東三省(満洲)、大連は中国に返還されるべきだ」と表明したという(王健朗二〇〇八、一三五頁)。このように、日中戦争が泥沼化するにつれ、国民政府首脳部は、日本から取り戻すべき領域の一つとして「琉球」をあげるようになり、この時期は米英首脳部もこれに賛意を示していたのである。

カイロ会談と「琉球」の帰属問題

しかし、一九四三年一一月に予定されたカイロでの米英中の首脳会談を前に、蔣介石の考え方は変わっていった。会議への出席にあたり、琉球の地位に対する国民政府の立場を決める必要が生まれ、その過程で国民政府内の意見の違いが明らかになったためだった。特に、日本の外務省にあたる外交部は、琉球と台湾の地位を同一とみた蔣介石とは異なり、かつて中国の朝貢国だった点で朝鮮と似ているとして、中国は琉球の返還を求めるべきではないと考えていた。そして、一一月一四日の時点で、外交部と同様の考え方から、蔣介石自身もカイロ会談では琉球の返還を求めないと決定したのである(王健朗二〇〇八、一三五〜一三六頁)。

一一月二二日からカイロ会談が開かれ、二三日にルーズベルトが琉球諸島の帰属についい

図1　カイロ会談に出席した蔣介石総統・ルーズベルト大統領・チャーチル首相（左から順に，國史館提供）

ての考えを尋ねた時、蔣介石は政府内での議論を踏まえ、米中の共同信託統治を提案した（FRUS: Diplomatic Papers, the Conference at Cairo and Teheran, 1943, Doc. 259）。当日書かれた彼の日記によれば、その理由は①（領土的野心がないと）米国を安心させること、②琉球が日清戦争以前に日本に属していたこと、③中国による排他的な琉球の支配よりも、共同信託統治がより適切だと考えられることだった。これを受け、カイロ宣言にも「琉球」が中国に返還されるべき地域とする文言は組み込まれなかった。ただし、ルーズベルトは四四年以降も数度にわたって蔣に琉球問題に対する見解をただしていたとされる（Xiang Zhai 二〇一五、一

一三四〜一一三五頁、徐一鳴・张生二〇一九、一一〇頁、王健朗二〇〇八、一三六〜一三七頁)。

しかし、ルーズベルトが中国側の意向を気にしていた一方で、戦後の計画の作成にあたっていた米国の国務省は、彼の意図を十分に知らされていなかった。この時期の国務省は、アジア・太平洋戦争の進展に伴い、沖縄か台湾を日本本土上陸作戦の足がかりとして使うことを予想し、一九四四年一〇月から沖縄の将来の領土的な処遇に関する検討を急いで進めていた。そのなかで、琉球諸島を中国が支配すべきかも検討されたが、最終的な勧告では、歴史的な経緯や民族性、地理的な近さなどから、「日本は琉球を保持する正当な権利(strong claim)を有している」とされた。そして、中国政府が講和時に琉球諸島の全部、あるいは一部に対する要求を申し立て、それを主張し続けたり、島民の間に主権の変更を希望する意志がはっきり認められた場合は、国際的な調査委員会が住民の意思の確認と主権の変更によって引き起こされる問題を確定した上で、国際連合に解決策を示すことが望ましいとされた(エルドリッヂ二〇〇三、四三〜四九頁)。つまり、ルーズベルトとは異なり、国務省内では中国よりも日本が沖縄を保持することがより正当だとされたのである。

その後、一九四五年三月二六日に米軍は沖縄の慶良間《けらま》諸島に上陸し、「ニミッツ布告」の公布によって沖縄住民に日本の行政権の停止と占領の開始を告げた。米軍は翌月沖縄本島にも上陸し、住民を巻き込む激しい地上戦が繰り広げられ、軍民ともに多くの人が犠牲となった。

日本の劣勢が明らかになるなか、同年七月二六日に、米英中三国の名で日本に降伏を促すポツダム宣言が発表されたが、これはカイロ宣言の内容を受け継いでおり、沖縄については言及がなかった。その後、二度の原爆投下とソ連の参戦を経て日本は無条件降伏し、沖縄は引き続き米軍の占領下に置かれることになった。

帰属をめぐる米・中の議論

一九四六年一月になると、日本を占領したマッカーサー（Douglas MacArthur）連合国軍最高司令官の指令により、北緯三〇度以南の奄美《あまみ》諸島・琉球諸島などが日本から分離された。同様に、第一次世界大戦が始まった後に日本が委任統治などの方法で奪取または占領した全太平洋諸島と、満洲・台湾・澎湖《ほうこ》諸島・朝鮮・樺太《からふと》は日本政府の政治・行政上の管轄権から外された。このため、蔣介石が一九三〇年代に奪回をめざしていた地域のうち、琉球の帰属問題だけが未解決のまま残されることになった（黄俊凌二〇一九、一〇一頁）。

その後、国民政府の駐日代表団・国防部・外交部などで琉球の帰属問題について活発な議論が行われ、望ましいあり方は中国への返還、中国の単独信託統治、米中共同信託統治、連合国保護下の自由領土という順となった。蔣介石がカイロ会談の際に米中の共同信託統治をルーズベルトに提案したにもかかわらず、戦後になると琉球の中国返還か、または中国の単独信託統治がより良いという考え方が、再び中国で強まったのである。そして、国民政府の関係部門は、琉球の領土主権を取り戻すため、その根拠となる資料の収集などの準備を同年末から始めた（黄俊凌二〇一九、一〇二〜一〇八頁）。

興味深いのは、一九四七年四月に顧維鈞《こいきん》駐米大使が本国に送った電文のなかに、琉球諸島を南北に分割し、北部を日本に返還し、南部を台湾に統合するという案について、国務省が意見を求めたという内容が含まれていることである（黄俊凌二〇一九、一〇八頁）。この時期の米国では、米ソ対立の深刻化を受けて日本との早期講和を望む議論が活発化しており、沖縄の帰属も問題化されるなかで、このような案が出てきたと思われる。

その間に、国務省極東局は、四七年八月の時点で、沖縄の非軍事化と日本への返還を盛り込んだ対日講和条約の草案を完成させた。しかし、軍部はこれに反対し、米国による沖縄の支配が必要だと強調した。また、国務省政策企画室も、極東局の条約案が米ソの協調を前提としていることに疑問を投げかけ、対日講和にはまだ時期が早いと訴えた。そして、沖縄については米軍基地を要求するという前提で、米国による戦略的信託統治領にするか、主権を日本が維持したまま基地区域を米国が長期的に租借する方法のどちらかが議論されるべきだとした（野添二〇二〇、三八〜三九頁）。

同年九月に、国民政府の外交部でも三度にわたって日本との講和に関する会談が開かれ、琉球の帰属問題も議論された。しかし、講和の手続きや賠償問題などに重点が置かれ、琉球の主権については合意されることはなかった。外交部はようやく一〇月末に、琉球政策については慎重に審議中だと顧維鈞に伝え、米国側に意見を表明しないよう指示した（黄俊凌二〇一九、一〇八〜一〇九頁）。

琉球革命同志会の登場

このようななか、一九四七年一月に「琉球の解放、中国への帰属」をめざす琉球革命同志会が結成され、これを国民政府首脳部が知ったことが、その琉球政策に影響を与えていった。同会は、一九四一年五月に台湾と琉球で密かに設立された「琉球青年同志会」が前身となっていた（齋藤二〇一五、五五五頁）。同会の代表である赤嶺親助《あかみねしんすけ》と喜友名嗣正《きゆなつぐまさ》（以下、中国名の蔡璋《さいしょう》と表記）は、同会が琉球を中国に帰属させることを望んでいると蔣介石に伝えるよう、四六年一〇月に台湾省行政長官の陳儀《ちんぎ》に頼んでおり、陳儀はこれを国民政府に伝え、両者を台湾省水産会社の技術職につけた。翌年一〇月に張群《ちょうぐん》行政院長が台湾を視察した時も、蔡璋は琉球を中国に返すよう求める手紙を渡した（褚静涛二〇一九、七五頁）。

一方、一九四七年には、中国の多くの学者が琉球を取り戻すことや、一部では独立国とすることを主張し、全国各地の議会も、次々と同様の決議をあげた（刘玉山二〇一九）。これを受け、翌四八年六月、蔣介石は国民党中央部秘書処長を務めていた呉鉄城《ごてつじょう》に、琉球返還のために琉球革命同志会を活用する方法を考えるよう命じた（Xiang Zhai 二〇一五、一一三七頁）。

蔡璋は県の助けによって七月に南京に向かい、八月に蔣介石と直接会った。この後、蔣介石は中央秘書処に対し、同会を密かに運用し、琉球の政権を支配させ、将来の日本との講和の時に琉球の人々が投票方式によって中国の統治に戻れるようにするか、琉球の地方政府が中国にとっての太平洋上の要地を自ら保持するようにしてほしいと伝えた（褚静涛二〇一九、七六頁）。

しかし、一九四六年以降、中国では国民党と共産党の対立が大きくなり、再び内戦（国共内戦）が起きていた。当初は米国の助けもあって国民政府軍が優勢だったが、四七年の夏以降、次第に共産党に有利な状況となり、四九年一月には共産党軍が現在の首都である北京に入城した。そして、同年一〇月、共産党により中華人民共和国が建国された。

このようななかで、蔡は国民政府から具体的な支援を受けられないままとなった。蔡は何度も沖縄に渡るための支援を求め、一九四九年一〇月末には沖縄に国民党の支部をつくることを要請したが、これらが実現することはなかったのである（Xiang Zhai 二〇一五、一一三七〜一一三八頁）。同年一二月に台湾に撤退した国民党は、沖縄の帰属問題に対する影響力を失い、一九五二年に日本との間に日華平和条約を結んだ時には、沖縄の帰属に対しては何も意見を主張することができなかった。

このように、清の滅亡後、中国では一九一二年に中華民国が建国された。第一次世界大戦後に国民党と共産党が結成され、一九二〇年代半ばには協力して中国の統一をめざしたが、次第に対立が深まり、内戦が起きた。しかし、一九三〇年代に入って中国で日本による軍事行動が深刻化すると、共産党が団結して日本に対抗することを求めたため、三七年に再び両党は協力して抗日民族統一戦線をつくり、日中戦争が続くなか、日本から取り戻すべき地域として、琉球も浮上することになった。その後、連合国の間で他の地域とともに琉球の帰属についても話し合われたが、日本の敗戦後に中国では再び内戦が始まり、話し合いの当事者だった中華民国は戦争に負けて台湾に撤退し、琉球の帰属問題に対する影響力を失ったのである。

冷戦構造の形成と沖縄の基地化

それでは、沖縄の基地化はどのような過程を経て決定されたのだろうか。この節では、朝鮮半島の分断と台湾海峡を挟む台湾と中国の対立という、沖縄の基地問題と深く関わる構造が東アジアにできた過程を、特に一九五〇年に起きた朝鮮戦争の影響に注目してみていくことにする。まずは時間を少しさかのぼり、日本の植民地支配を受けていた朝鮮半島と台湾が第二次世界大戦後にいかなる状況に置かれていたのかに目を向けてみよう。

朝鮮の「解放」と分断

三六年にわたって日本の植民地支配下に置かれた朝鮮半島の人々にとって、一九四五年八月の日本の無条件降伏は、日本からの解放を意味していた。朝鮮半島が日本の支配下に置かれている間、朝鮮の内外で様々な独立運動が試みられており、日本の降伏後には呂運《ヨウ》亭《ニョン》を委員長とした建国準備委員会が各地につくられ、九月には、長年にわたり国際的な独立運動を続けてきた李承晩《イスンマン》を主席とする、朝鮮人民共和国の樹立が宣言された。

しかし、既に第二次世界大戦中に米英中の首脳（後にソ連も含む）により、日本の敗戦後、朝鮮を米ソを中心とした共同管理下に置いた後、「適当な期間を経て（in due course）」独立させるという合意ができていた。その具体的な方法は議論されていなかったが、米国側は米ソによる北緯三八度線を挟む分割占領を提案した。これに基づいて九月七日に米陸軍第二四軍団が朝鮮半島に上陸して軍政の始まりを宣言し、翌日に在朝鮮米陸軍司令部軍政庁が設置された（木宮二〇二一、一四頁、若林二〇二〇、二四頁）。ソ連軍も一〇月三日にソビエト民政庁の設置を宣言し、その後米国の軍政庁が一〇月一〇日に正式に朝鮮人民共和国臨時政府を政府と認めないと明らかにしたため、同政府は存在し続けることができなくなった。同年一二月にイギリスも含めたモスクワ外相会議で米ソが国際信託統治に合意し、これに基づいて設立された米ソ共同委員会で具体的な議論が続けられたが、同委員会ではそれぞれの占領地域の暫定政権の構想について合意に至らず、信託統治を行うかどうかについても、対立が続いていった（木宮二〇二一、一四・一八〜一九頁）。

このようななか、朝鮮半島南部では、米軍政と李承晩の主導により単独政府をつくることが試みられたが、その過程で一部の労働組合や朝鮮共産党は米軍政に抵抗した。一九四八年五月に国際連合の管理下で南朝鮮単独の選挙が行われたが、ソ連占領下の北部朝鮮では選挙はボイコットされた。朝鮮半島の南にある済州島《チェジュ》では、この選挙に対する拒否から始まった「蜂起」とそれに対する軍や警察による「焦土化作戦」を含む長期間にわたる弾圧によって、島民約三万人が犠牲になった。混乱と対立が続くなか、四八年八月一五日に朝鮮半島の南部に李承晩を大統領とする大韓民国、九月九日に北部に金日成《キムイルソン》を主席とする朝鮮民主主義人民共和国が建国され、朝鮮半島には分断国家体制が成立した。

台湾の「祖国復帰」と失望

一方、朝鮮と同様に日本の植民地支配下にあった台湾では、日本の降伏後も台湾総督府をはじめとした行政機関に影響はなく、一九四五年九月までは総督府が統治を続けた。連合国により適当な期間を経て独立させるとされた朝鮮とは違い、カイロ宣言には台湾は中華民国に返還するとはっきり書かれており、その後で発表されたポツダム宣言でも、カイロ宣言の条項は実行されるべきだとされた。このため、蔣介石は降伏文書調印の前日の九月一日に、陳儀を「台湾省」の行政長官兼同省警備総司令とすることにより、台湾を中国の一省に組み入れた。そして、一〇月一七日には国民党軍が到着して占領を始め、同月二五日に行政権・軍事権などが中華民国に移され、約五〇年に及ぶ日本の台湾統治は終わりを迎えた（伊藤二〇二〇、一三七～一四一頁、川島ほか二〇二〇、二四～二七頁）。

　このような大きな変化を受け、台湾ではかつて清の直轄領だったことを理由に、当初は中華民国への編入を「祖国復帰」として歓迎する人々もいた。しかし、省政府からの台湾人の排除や経済的な混乱を経て、台湾の人々は次第に不満を募らせた。これは、一九四七年二月二七日に台北《タイペイ》市内で起きた闇タバコの取締りをめぐって、国民党軍が集まった台湾人の群衆に発砲したことをきっかけに、翌二八日からラジオで蜂起が呼びかけられ、主要な都市で民衆が官庁や警察を襲撃・占拠し、大陸から来た中国人（外省人）に暴行を加えた事件（二・二八事件）につながった。

　これを受け、台湾の知識人や地方の著名人が各地で二・二八事件処理委員会をつくり、事態は収拾されるかにみえた。それにもかかわらず、蔣介石は増援部隊を台湾に送り、二万人前後といわれる台湾人指導者と民衆を無差別に殺傷し、鎮圧した。この事件は台湾人に深い傷痕を残し、外省人との間の感情的な溝はさらに深まった。しかし、一九四九年末の台湾への撤退後、蔣介石は台湾を「大陸反攻」、つまり中国大陸を武力で奪い返すための基地と位置付け、同年五月に発令した戒厳令を敷いたまま、その後も反体制派とみなした台湾の人々を容赦なく弾圧していった。そして、台湾に撤退した国民党政権からも、「琉球」は自国の安全保障のために重要な基地とみなされていくのである。

　ここで当時の沖縄の状況について改めて確認すると、中華民国が国共内戦により力を失うなか、沖縄の将来は占領者である米国に委ねられた。しかし、戦争直後の段階の沖縄の地位は、朝鮮・台湾と同じようにはっきりしておらず、日本軍と米軍との間の降伏文書調印式が一九四五年九月七日に行われたため、終戦は日本よりも遅くなった。また、米軍は沖縄を占領した後に軍政府を置いたが、米国政府が沖縄よりも日本本土の占領を重視していたため、管轄は陸軍と海軍の間で目まぐるしく変わった。沖縄諮詢会《しじゅんかい》、次いで沖縄民政府といった沖縄の住民から成る機関も置かれたが、実質的な権限は軍政府が握っている状況だった。米国政府内では意見の対立があり、沖縄に対する方針は定まらなかった。

「太平洋同盟構想」の浮上と挫折

しかし、一九四八年にかけて冷戦が深まると、米国政府は沖縄の長期保有を構想するようになる。この時期の米国政府内では、日本・朝鮮・フィリピン・沖縄の戦略的な重要性が比較検討されており、国務省政策企画本部長のケナン（George F. Kennan）は、沖縄が戦略的に重要だとする一方、朝鮮の占領は米軍にとって重荷になっているとして、韓国に駐留する米軍（在韓米軍）はできるだけ早く撤退すべきだとマーシャル（George C. Marshall）国務長官に伝えた。ただし、一九四八年一二月末に予定された米軍の撤退は、同年一〇月に朝鮮半島南部の麗水《ヨス》・順天《スンチョン》一帯で起きた国防警備隊の「反乱」とそれに続く市民の「抗争」をきっかけに延期された（若林二〇二〇、二二五～二二七頁）。

一方、米国と同じ自由主義陣営に属する東アジアの反共国家の間では、一九四九年三月に、フィリピンのキリノ（Elpidio Quirino）大統領が、北大西洋条約機構（North Atlantic Treaty Organization: NATO）に似た「太平洋同盟」に関する構想を発表したことがきっかけとなり、軍事同盟をつくるための動きが活発になった。在韓米軍の撤退を目前にしていた李承晩大統領と、国共内戦で苦しい立場にあった蔣介石総統もこれに賛成し、米国にも参加を求めた。しかし、米国政府はアジアの状態がＮＡＴＯのような同盟を結成するのに適していないなどとして、太平洋同盟には参加しないと繰り返し表明した（鄭炯兒二〇一九、五八～六一頁）。

米国の支持を得られないなか、蔣介石は七月にキリノとの会談で共産主義の脅威に対抗する「連盟」をつくることに合意し、八月には李承晩とも会談を行い、ともに米国からの軍事的な関与が減っているという危機を背景に、軍事的な協力の道も探るようになった（鄭炯兒二〇一九、六四～七一頁）。しかし、米国政府は会談と同じ日に、中国国民党が内戦に負けた原因として政治的な腐敗と軍事的な能力のなさをあげ、今後は援助せず、対中国政策も変えることをほのめかした『中国白書』を刊行した。さらに、米国側と会談したフィリピン政府も、一〇月には同盟から軍事的な部分を除く一方、文化・経済的な面を重視し、オーストラリアと東南アジアの国家を中心とする方針に変わった。このため、太平洋同盟構想の実現は不可能になった。

その後、中華民国政府（以下、国府）は一九四九年一二月に台湾に撤退したが、それでも国際社会で以前と同じ地位を保とうとしていた。しかし、一九四九年後半に発表された米中央情報局の報告書や、同時期の米英間の会談では、台湾の共産化は必然的で防ぐ方法がないと思われるような状況になっていた（朴榮實二〇二〇、一七〇頁）。米国政府の内部では、台湾と中国を区分し、台湾の軍事的な重要性を重視する軍部と、台湾は歴史的・地理的に中国の一部であり、軍事的にも重要でないとする国務省の間で意見が対立していた。このようななか、米国は基本的に中国問題から手を引こうとし、何もせずに状況を見守ることになった（鄭炯兒二〇二〇、二七頁）。

朝鮮戦争の始まり

一九五〇年になると、台湾に対する米国の態度はよりはっきりしたものとなった。トルーマン（Harry S. Truman）大統領は、一月五日に台湾海峡には干渉・介入しないことを明らかにし、アチソン（Dean G. Acheson）国務長官も、一二日に太平洋における米国の防衛線はアリューシャン―日本―沖縄―フィリピンを結ぶ線だと演説し、韓国と台湾を含めなかった。これを受け、韓国に駐在する中華民国の邵毓麟《しょういくりん》大使は、韓国政府との協力を議論しながらも、韓国の軍事的状況が悪くなり、米国の東アジア政策が変わる機会を国府に有利になるよう活かすことを蔣介石に提案した。

さらに四月からは、「大陸反攻」のため、朝鮮半島を拠点として中国の華北と東北の情報を得ることを目的に、韓国・中華民国間の情報交換体制をつくる試みも始まった（鄭炯兒二〇二〇、二一八〜二三〇頁）。

しかし、この情報交換体制が十分に整わないまま、北朝鮮の侵攻によって六月二五日に朝鮮戦争が始まった。トルーマンは、二七日に発表した声明で、この地域を担当する第七艦隊に台湾に対する一切の攻撃を防ぐよう命じるとともに、国府には大陸反攻作戦を行わないよう求めた。また、台湾の将来の地位については、太平洋の安全の回復、対日講和条約または国際連合による検討を待つ必要があるとした（FRUS, 1950, vol. 7, Korea, Doc. 119）。国府はこの声明を「原則として」受け入れ、台湾の防衛は米国政府と国府の共同責任によって行われるべきとする内容などを含む声明を発表し、二七日には空軍の人員、二九日には陸軍三個師団を朝鮮半島に派遣すると決めた（竹茂二〇一三、三三一〜三四頁）。

これに対し、米国は台湾を守る兵力が減ることなどを理由に、国府軍の派遣にすぐには賛成しなかった。李承晩大統領も、国府軍の参戦が中国（中共）軍の参戦につながる可能性があり、韓国軍に対する米国の支援が減る懸念もあることから、朝鮮半島への派兵を望まなかった。そして、むしろ韓国と中国の国境地域に置かれている中共軍の自由な行動を妨げるため、朝鮮半島ではなく台湾の対岸に国府軍を上陸させ、中共軍を攻撃することを

望んだ（竹茂二〇一三、三五〜三六頁、徐相文二〇二一、九三〜九四頁）。

米韓両国政府が国府軍の派兵提案を拒むなか、一〇月に中国の人民志願軍が鴨緑江《おうりょっこう》を越えて参戦し、北朝鮮軍とともに反撃に出たことは、国府にとっては好都合に働いた。中共軍に対する情報収集と心理戦などのために、米国が中共軍をよく知っている国民党の協調が必要だと考え、国府に協力を求め始めたためである。国府側もこれに応じ、一一月頃からは国府の関係者が米国の情報戦と心理戦に関わるようになり、韓国政府もこれに反対はしなかった（徐相文二〇二一、第三章及び第四章）。このように、米国・韓国対中国・北朝鮮という構図のなかに、中国の国民党と共産党の対立も反映される形で、朝鮮戦争は国際戦争として続いていくことになった。

朝鮮戦争と沖縄基地の使用

朝鮮戦争は、沖縄の基地化とも密接な関わりを持つことになった。少しさかのぼると、既に一九四九年九月以降、沖縄では米国の予算によって基地建設が本格化しており、日本、朝鮮半島の三八度線以南、そして沖縄を管轄していた米極東軍司令部のなかに新たに琉球軍政課が置かれ、琉球諸島の軍政府の運用と極東軍司令部各部局の間の琉球関係の問題を扱っていた。同年一〇月には、朝鮮で勤務した経験を持つ陸軍少将シーツ（Josef R. Sheetz）が、米国軍政府の軍政長官に就任した（若林二〇二〇、一二七頁）。

朝鮮戦争が始まると、嘉手納《かでな》基地には大型長距離爆撃機B二九からなる第一九大隊がグアムから移駐し、二八日からソウル付近への爆撃を開始した。初めは韓国軍が劣勢だったが、一九五〇年秋にマッカーサー国連軍司令官による仁川《インチョン》上陸作戦や中国人民志願軍の参戦によって戦況が変わると、沖縄からの出撃は時間や天候を問わずさらに増えた。一九五一年夏には、北朝鮮の平壌《ピョンヤン》と鴨緑江の間で沖縄の部隊がほぼ毎日爆撃を行い、北朝鮮の村々が「クレーター化した」という言葉が残されているという。民間人の生活と関わる水力発電施設や灌漑ダム、小さな村や集落まで無差別爆撃の対象となり、北朝鮮の主要都市の大部分が破壊された。北朝鮮の民間人の死者は、朝鮮戦争を通じて二〇〇万名以上にのぼると推定されている（若林二〇二〇、二七〜二九頁、林二〇二三）。

沖縄が出撃基地となっていることは北朝鮮側も知っており、金日成主席は後に沖縄を「米帝の朝鮮侵略基地」と表現した。しかし、北朝鮮は沖縄の人々自体を敵とみなすことはなく、むしろ日本復帰を求める沖縄の住民運動に目を向け、米軍をアジアから追い出すために連帯しようとする姿勢をみせるようになる（林慶花二〇一五）。

そして、沖縄は米軍の出撃だけではなく、補給・兵站のためにも使用され、一時的に米国の原子爆弾投下計画のなかにも組み込まれた。米国では、一九五〇年九月から米軍部の公認の下で核兵器の使用に関する研究が始まっており、一〇月の中国人民志願軍の参戦後、原爆の使用は現実味を帯びていた。このなかで、同年末には戦術核一二〇発を日本の横田《よこた》と沖縄に持ち込み、出撃基地にする計画が立案されたという。これは多くの疑問や批判にさらされ、実行はされなかったが、その後も五一年三月末に嘉手納基地の原爆装填装置が稼働され、分解して搬送された原爆が組み立てられたり、同年九月から一〇月にかけて、沖縄から離陸したB二九が原爆投下のテストを行うなど、原爆投下のために使用される危険性は常にあった（荒一九九八）。その他、事実かは不明だが、実戦での使用に備えた毒ガスの持ち込みや、沖縄から発進した米空軍による生物兵器の投下があったという説もある（Jon Mitchell 2012、一一～三頁）。このような沖縄基地の使用は、沖縄の人々の生命をも危険にさらすものだったが、韓国政府は戦争のなか、自国の安全保障に対する沖縄基地の重要性を認識するようになったと考えられる。

沖縄の統治方式の決定

そして、朝鮮戦争の最中に、米国政府内では沖縄を日本から切り離して統治する方向で検討が進んでいた。極東情勢の悪化を背景に、沖縄の戦略的な支配が必要だと米軍部が強く主張したためだった。これを受け、日本に沖縄を統治する権利（主権）があることを認めつつも、実質的には国際連合が米国の信託統治の申請を認めるまでの間、米国が諸島に対して統治権を持つことを定めた、「潜在主権方式」による統治の方針が決められていった（エルドリッヂ二〇〇三、第七章）。沖縄の地位は対日平和条約の第三条によって定められ、潜在主権はここには明記されなかったが、一九五一年九月のサンフランシスコ講和会議の時、ダレス（John F. Dulles）特使が、連合国間で南西諸島の帰属について対立があったことが、このような方式をとるべきだと考えるようになった理由だと説明を加えた（エルドリッヂ二〇〇三、二二九頁）。ただし、米ソの対立が深まっている状況では、米国が信託統治を求めてもソ連はこれを拒むと考えられており、実質的にはこの条約によって、米国が沖縄を無期限かつ排他的に統治できるようになっていた。

このような経緯を経て、一九五二年四月二八日に対日平和条約が発効した後は、同条約を根拠として、一九五〇年一二月に設置された米国政府の出先機関である琉球列島米国民政府（United States Civil Administration of the Ryukyu Islands: USCAR）が、引き続き絶対的な権力者として沖縄を統治することになった。ＵＳＣＡＲの民政長官には極東軍総司令官、実質的な統治者である民政副長官には琉球軍司令官が任命され、住民の人権や自由よりも、米国の軍事的な戦略が優先された。住民側の統治機構としては、沖縄民政府、群島政府を経て、同年四月一日に奄美・沖縄・宮古《みやこ》・八重山《やえやま》の四群島を統括する中央政府として琉球政府が発足したが、琉球政府の長である主席は、五二年以降はＵＳＣＡＲが任命するという方式が続いた。

以上のように、第二次世界大戦後、日本の植民地支配から解放された朝鮮半島、台湾、そして米国に占領された沖縄は、それぞれ異なった状況の下に置かれることになった。朝鮮半島では、当初は朝鮮の人々が新たな国を建国しようとしたが、このような動きは米ソの対立のなかで封じられ、一九四八年に二つの国家が成立し、ついには五〇年に戦争に至る。台湾では、戦争直後に日本に代わって中華民国政府がこれを占領し、一九四九年に国共内戦に敗北して台湾に撤退した後は、台湾の人々の自由を弾圧しつつ「大陸反攻」の基地とした。朝鮮戦争は、南北朝鮮・米中の対立に、台湾海峡を挟む国共の対立も反映された国際戦争となり、このなかで米国による沖縄の長期保有が方向づけられていった。そして、朝鮮戦争の最中の五二年四月二八日、サンフランシスコ平和条約の発効によって日本が独立したにもかかわらず、沖縄では同条約の第三条に基づき、引き続き米国の軍事を優先した排他的な統治が続いたのである。

APACLと琉球独立運動

「太平洋同盟構想」の再推進と挫折

それでは、米軍の統治下に置かれた沖縄を、韓国政府と国府はどのようにみていたのだろうか。まずは、一九五〇年代に両政府が中心となって結成に関わり、アジアの反共軍事同盟に代わるものとして期待を寄せていた、アジア民族反共連盟（Asian Peoples' Anti-Communist League: APACL）という組織に注目しつつ、当時の沖縄をとりまく国際情勢をみてみよう。

一九五〇年から始まった朝鮮戦争は、三年目の一九五三年七月に休戦を迎えた。しかし、その後も南北の対立は続き、同年一〇月には韓国と米国の間で、第三国からの攻撃を共同で防衛することを約束した相互防衛条約が結ばれた。米国の統治下にあった沖縄も、この条約が適用される区域に含まれたため、休戦後も沖縄の米軍基地の存在が韓国の安全と直接結びつくようになった。また、米国が一九五二年以降、オーストラリア・ニュージーランド、フィリピン、中華民国との間でもそれぞれ相互防衛条約を結んだため、沖縄は米軍の軍事戦略の中心である「太平洋の要石《かなめいし》」としての役割も担わされることになっていった。

このようななか、朝鮮戦争を経た李承晩政権は、沖縄を「反共の要」とみなし、直接的な関係を築こうと試みるようになった（呉世宗二〇一九、一三三頁）。その一つが、李承晩政権が中華民国とともにつくろうとしていたアジアの反共国家からなる反共連盟に、「琉球代表」を参加させることだった。一九五三年に、米国のアイゼンハワー（Dwight D. Eisenhower）政権が、ソ連による攻撃を大量核報復能力によって防ぐことを目的としたニュールック戦略を公表し、ソ連と中国周辺の地域防衛体制を築くと決めたことなどが背景にあった。同年一一月に台湾を訪れた李大統領は、太平洋同盟構想を蔣介石総統とともに再び進めると発表し、東南アジア各国や米国に参加を呼びかけた。

しかし、両者が最も参加することを望んでいた米国は、この構想には協力しようとしなかった。米国は、ソ連や中国に対抗するため、日本・韓国・中華民国などからなる東アジアの自由主義陣営の結びつきを強めようとしていたが、新たに成立した韓国と日本との間に正常な国交関係を結ばせること（国交正常化）を一番の目標にしていた。

図2　1953年11月に台北松山空港に到着した李承晩大統領（右から3人目）を迎える蔣介石総統（前列左から2人目，國史館提供）

このため、五一年から米国の仲立ちによって日韓交渉が始まったものの、日本の植民地支配をめぐる立場の違いにより、会談は何度も決裂・休会を繰り返した。五四年二月に李大統領と会談した米国のハル（John E. Hull）極東軍総司令官は、韓国がまず日本との国交正常化に努力するよう求めたが、李政権は米国が日本を重視していることに不信や不満を募らせており、米国を参加させる交渉は結局うまくいかなかったのである（成田二〇二〇、六六～六七頁）。

APACLの結成と蔡璋の再登場

米国の支持が得られなかったため、韓国政府は当初の国家間の同盟構想案を、民間人が参加する反共機構の結成に変えた。そして、一九五四年三月に韓国・中華民国間（以下、韓台間）で民間反共機構について話し合った時、韓国側が「琉球人」の参加を望んでいると表明し、中華民国側が先述の琉球革命同志会の蔡璋に沖縄との仲立ちを頼むことを提案した（成田二〇二〇、六八頁）。

　ここで当時の国府内の状況を確認すると、国共内戦に敗れて国際的な地位が低下した国府には、しばらく「琉球」の帰属問題に関わる余裕はなくなっていた。そして、一九五〇年に米国政府が国府に対し、「琉球諸島を国連の信託統治下に置き、米国が管理権を行使する」と決めたと伝えた時も、不満はありつつも反対はできなかった。蔡璋が翌年、台湾での沖縄の人々の経済活動を支援するよう求めた時も、米国との関係や国府に経済力がないことなどを理由にうやむやにした（黄俊凌二〇一五、六三・六六頁）。

　しかし、一九五三年八月に、かつては琉球王国の一部だった奄美群島の返還が日米間で議論され始めると、台湾では再び沖縄の帰属問題に関心が向けられるようになった。特に、国府外交部は国内で関心が高まるなか、沖縄の帰属について、一一月に以下のような立場を米国政府に申し入れた。

　①琉球の地位はカイロ宣言とポツダム宣言に基づいて決定されているため、日本本土とみなされている北海道、本州、四国、九州以外の島に対する日本の統治権は、連合国

の話し合いにより決められなければならない

②いわゆる「潜在主権」は国際法に基づいておらず、対日平和条約第三条の中にも明記されていないため、認められない

③米国は、琉球の戦略的な重要性が西太平洋、特に台湾の安全保障に深刻な影響を与えるため、現在の琉球の地位を維持する責任を放棄してはならない

④琉球と中国の歴史的な関係・地理的な近さから、国府には琉球の最終的な地位決定に対して見解を表明する権利と義務を有している（Memorandum〈Translation〉, November 24, 1953,『琉球地位、琉民待遇及國籍問題』六〇二／八九〇〇六、中央研究院近代史研究所檔案館）

米国側は、このような国府の見方は受け入れず、奄美返還に国府の意見を反映させようともしなかったが、以後も国府の見解を歓迎し、琉球諸島の地位の変化については国府に伝えるとした。このため、国府はその後もこの米国の答えをもとに、沖縄返還問題に関与しようとしていく（成田二〇二〇、五六～五八頁）。

民間反共機構に話を戻すと、蔡璋と韓国側が協議した結果、初の会議の開催時期が迫っているなどの理由から、蔡自身が琉球代表として会議に参加することになった。六月に韓国の鎮海《チネ》で開かれた会議（以下、鎮海会議）には、中華民国・韓国に加え、琉球、フィリ

ピン、ベトナム国、マカオ・香港、タイの五ヵ国三地域の民間代表が参加した。蔡は大会で「我々は、琉球から全ての親日、親共産主義の要素を一掃しようと全力を尽くしてきた」として、琉球独立への協力を求めたとされる。その後、蔡は沖縄でAPACLの支部をつくるため、積極的な活動を行っていくことになる（成田二〇二〇、六八頁）。

APACL支部結成に対する米国・沖縄の反応

それでは、沖縄でAPACLの支部をつくるという蔡璋の試みは、米国と沖縄現地ではどのように受け止められていたのだろうか。

まず、米国側は、「対日平和条約に基づき、対外的に沖縄を代表できるのは米国である」という立場をとり、蔡が国府と関係が強いことなどを理由に、蔡の活動には非協力的だった。また、蔡が鎮海会議に出席すると事前に知った駐日米国大使館などは、蔡の出席が米国と日本・沖縄との関係にも悪影響を与えかねず、会議の目的を損なう恐れがある、と心配した。アジアに日本を中心とした自由主義陣営ができることを望み、日本に沖縄の潜在主権を認めた米国とは異なり、韓国政府の構想は日本を除いた反共連盟に沖縄を独立国として加えることになっていたため、日韓関係の悪さが際立つと考えたのである。これを受け、沖縄を統治していたUSCARは、事前に内部で協議し、蔡の来沖までは拒否しないものの、USCARと琉球政府が距離を置くことによって蔡に自然に反共連盟の結成をあきらめさせようとし、琉球政府にも蔡に協力しないよう助言した（成田二〇二〇、六九〜七一頁）。

このようななか、蔡は同年一〇月からＡＰＡＣＬの支部をつくるために沖縄に行き、活発な言論活動を行ったが、沖縄の人々も蔡に対し積極的な関心はみせなかった。例えば、一〇月一四日の地元紙の『琉球新報』には、蔡が沖縄で反共連盟を結成しようとしていることが、鎮海会議での李承晩大統領の「反共防衛圏の最重要部を占める琉球はこの際完全なる反共連盟を結成し全アジア民族と共に反共への道を歩んで貰いたい」という発言などとともに紹介された（『琉球新報』一九五四年一〇月一四日）。

しかし、一一月六日に開かれた「沖縄反共連盟準備委員会」の出席者は、以前からの独立論者を含む約三〇人だけだった。反共連盟の結成大会が予定されていた同月一六日には、『琉球新報』が「反共連盟への苦言」と題した社説を掲げ、蔡が琉球系ではあるが「外国からひょっくり訪れてきた個人」でしかなく、会議への琉球代表の参加は復帰問題にも影響を与えうることなどから、「琉球住民全体の立場からみて十分しん《（ママ）》重なる態度で臨まねばならない」と強調した（『琉球新報』一九五四年一一月七・一六日）。また、ＵＳＣＡＲも同日に、沖縄に対する共産主義の脅威は既存の機関によって十分に防ぐことができるし、会議などで琉球を代表できるのは米国政府だけだとして、「反共連盟の結成を支持することも認可することもできない」と声明を出した（『琉球新報』一九五四年一一月一七日）。これを受け、当日会長に選出された元衆議院議員の伊禮肇《いれいはじめ》も、これ以上の協力は行わないとUSCARに約束した。このため、蔡はそれ以上の組織の発展をみることなく、台湾に引き上げざるを得なかった（成田二〇二〇、七二頁）。

日本代表参加をめぐる問題

それでは、その後のAPACLはどのような展開をみせたのだろうか。結成初期のAPACLでは、沖縄支部の結成が順調でなかっただけでなく、日本に対する捉え方が韓国と中華民国で異なっていたために、内部でも問題が起きていた。鎮海会議の時、同年一〇月に中華民国で第二回会議を開くと決まったため、中華民国側は日本との関係を強めることで国際的に自国の立場を強化したいと考え、会議を主催するにあたり、日本代表の参加を最も重視した。しかし、李承晩大統領の反日的な姿勢を受けた韓国側は、参加者全体が賛成する前に日本代表を参加させてはならず、日本代表が参加する会議に韓国は絶対に参加できないという強硬な姿勢をとったのである。韓国側では李大統領が指揮をとって日本代表の参加に反対し続けたため、会議はついには中止された（王恩美二〇一三）。

一方、日本政府も、琉球独立論者の蔡が参加していることもあり、米国政府と同じようにAPACLの動向に注目していた。日本政府自体はAPACLへの参加には肯定的であり、本当の沖縄出身者がAPACL会議に参加することにも好意的だったが、そこに反日的で、中国への復帰を主張している蔡が代表として出席するとなると話は違った。

例えば、一九五五年二月に、五二年七月から日本政府の沖縄の出先機関として置かれた南方連絡事務所の担当者とジョンソン（Walter M. Johnson）民政官との間でAPACLについて話し合いが行われた時、日本側の担当者は、外交関係において沖縄を代表するのは以前公表されたUSCARの立場では国務省だったと忠告し、琉球代表がAPACLに参加することに懸念を示した。日本側の意向を受けたジョンソンは、蔡が国府の利益を代弁しているため、APACLに参加するのは望ましくないという見方を強め、再びUSCARに蔡の活動を支援しないよう伝えた（成田二〇二〇、七四～七五頁）。

結局、APACLの第二回会議は、予備会談を経て、出席者を第一回会議の参加国に限る形で、一九五六年三月にフィリピンで開かれた。蔡はこの会議にも琉球代表として出席したが、ここでも新たな加盟国の決定方法に関して韓台間の対立が繰り返され、日本の参加問題は解決されないままとなった（王恩美二〇一三、一七九～一八二頁）。同時期の李大統領が、日本が朝鮮戦争の特需により復興したことや、米国がアジアのなかで日本を最も重視していることを批判し、日本の軍事・経済的レベルが他のアジアの国家を超えれば、アジアにも米国にも脅威になるという認識を示していたためだった（His Excellency, President Syngman Rhee to Choi Dok Shin, Minister to the Republic of Vietnam, April 18, 1956,『APAC

L（アジア民族反共連盟）』〈分類番号七三六・三一、登録番号二一一一〉韓国外交史料館）。このようななか、APACL自体が日本の参加をめぐる韓台間の対立により、本来の目的を果たせない状態になってしまった。

APACLのその後

ところで、沖縄現地は同じ時期に大変な状況になっていた。詳しくは後述するが、一九五三年頃から始まった基地化を進めるための米軍の強引な土地接収によって米国への反発が強まり、一九五六年六月に「島ぐるみ闘争」と呼ばれる大きな抵抗運動が起きたのである。これは、米国の沖縄統治に対する住民の不満を、内外に示すことになった。

特に、この闘争のリーダーだった瀬長亀次郎《せながかめじろう》が同年一二月に那覇《なは》市長選挙で当選し、米国側が彼を追放しようとしたことは、彼が共産党の友党の沖縄人民党（以下、人民党）委員長だったことなどもあり、中国や北朝鮮の党機関紙でも報道された（『人民日報』一九五七年六月二二日、『労働新聞』一九五七年一一月二八日）。しかし、蔡璋はAPACL会議に相変わらず琉球代表として出席して琉球独立論を主張し、韓国政府と国府も、沖縄の日本への返還に反対し、「琉球」の独立または自治を支持するという立場で連携していた。

また、日本の参加をめぐる韓台間の対立は続いていたが、APACLは一九五六年以降は毎年大会を開き、順調に加盟者を増やしていた。なかでも、一九五九年に韓国で開かれた第五回会議は、韓国政府の樹立後、最大の国際会議となり、「アジア軍事同盟」の締結や、APACLを世界反共連盟へと拡張することも提案された。APACLの組織が拡大するにつれ、米国政府は蔡の参加によって沖縄が独立を望んでいるという誤ったイメージが広まることをさらに心配するようになったが、韓国と中華民国に配慮し、表立って蔡の会議への出席に反対はしなかった（成田二〇二〇、九一～九二頁）。

このようなAPACLを介した韓国政府と国府の連携は、一九六〇年四月の韓国の学生革命によって李承晩政権が倒れたため、しばらくは途切れることになる。また、第六回会議から、APACLをより柔軟で積極的な組織にすべきだという参加者や韓国メディアの論調を受けて、日本代表の参加が認められ、日本は沖縄に対する潜在主権を有していると考える日本代表が参加することになった。

状況の変化のなか、同年四月に蔡が沖縄を訪れた時、USCARは国際関係において琉球を代表するのは米国であり、APACLへの琉球人の参加を支持することはできないという立場を改めて伝えた。この時から、初めて米軍統治下の沖縄の出身者がAPACLに参加したため、蔡の立場は次第に弱くなっていった（成田二〇二〇、九七～一〇〇頁）。さらに、一九六二年に東京で第八回大会が開かれた時、沖縄に対する潜在主権を主張する日本側により、蔡は出席を拒否された（赤嶺二〇一三、四〇頁）。一九六五年の第一二回総会で、会員の増加と多様化から、ＡＰＡＣＬを発展解消して世界反共連盟をつくることが決まり、ＡＰＡＣＬは当初韓国政府と国府がめざしたアジアの反共軍事同盟とはかなり異なる組織として発展していった。

このように、当初はアジアにおける反共軍事同盟をめざし、韓国政府と国府の協力によって出発したＡＰＡＣＬは、当時の国際関係から様々な影響を受けつつも、最後は世界反共連盟に発展することになった。韓国政府と国府は、この組織に琉球の独立を主張する「琉球代表」を参加させ、沖縄にも支部をつくることにより、沖縄を強固な反共陣営の一員にするとともに、沖縄や他の地域でも琉球独立の主張を広めたいと考えていた。しかし、日米両政府が沖縄の潜在主権を日本が持っていると考えていたことや、日本をめぐる韓国政府と国府の対立により、この試みは不完全なものに終わったのである。

以上のように、日中戦争、第二次世界大戦、朝鮮戦争を経て、東アジアの情勢は大きく変わり、大日本帝国の支配下にあった沖縄、そして朝鮮半島・台湾はほんろうされた。国民党の蔣介石は、日中戦争時から中国が奪回すべき地域の一つとして「琉球」を認識するようになったが、カイロ会談の前には考えを変え、会談では米中共同信託統治を提案した。日本の敗戦後、中国で琉球を取り戻すよう求める声が高まると、蔣介石は一九四八年に結成された琉球革命同志会を活用しようと試みる。しかし、国共内戦に敗れて台湾に撤退し、国際的な影響力を失った。この間に、沖縄は米国の排他的統治下に置かれることが決定づけられ、朝鮮戦争の勃発後、さらに基地化が進められていった。

一九五三年の奄美返還を機に再び沖縄に関心を向けた蔣介石は、韓国の李承晩政権とともに主導して結成したＡＰＡＣＬに琉球革命同志会の蔡璋を参加させ、沖縄自体が反共陣営に加わることを望んだ。しかし、沖縄では関心は広がらず、一九六〇年四月に李政権が崩壊すると、蔣介石は新たな琉球政策を打ち出す必要に迫られることになった。

国際環境の変化と「沖縄返還」

国府の対琉球政策の変容

本章では、前章に引き続き、一九六〇年前後から一九七二年に沖縄の施政権が日本に返還されるまでに、東アジアで沖縄返還をめぐっていかなる動きがあったのかをたどっていく。この節では、沖縄の帰属問題に最も敏感だった国府（中華民国政府）が、一九六〇年代後半の沖縄返還交渉の本格化以前、APACL（アジア民族反共連盟）をめぐる韓国政府との連携以外でいかに沖縄に関わっていたのかを確認する。まずは、一九五〇年代の国府の「琉球政策」をみてみよう。

「琉球反共独立の党団」の結成と失敗

国府は五〇年代後半になると、新たな「琉球政策」を打ち出そうするようになった。一九五六年の島ぐるみ闘争の時、沖縄の自治・独立に向けた国府や韓国政府の期待とは違い、沖縄住民が日本政府の関与や支援を求めていることが示され、翌五七年六月にはそれまでの民政長官・副長官制に代わりＵＳＣＡＲ（琉球列島米国民政府）に高等弁務官制が導入されるなど、沖縄の状況が変化したことが背景にあった。高等弁務官は、琉球政府の主席を任命する権限などを持ち、「沖縄の帝王」と呼ばれるほど絶対的な存在となった。

そして、同年六月の日米共同声明で沖縄の潜在主権が日本にあることが確認されると、蔣介石《しょうかいせき》総統の指示により、琉球工作を担当していた総統府国策顧問の方治《ほうち》らが沖縄を訪れ調査を行った。方治らは、琉球の社会・工商界の有力者、メディアや各大学の文化・教育関係者、琉球の政治首長と友好関係を築くことや、大規模な留学生の交換、琉球華僑総会の設立による沖縄にいる華僑の団結などをその原則としてあげた。

一方で、一九五七年頃から琉球政府や経済界の関係者が台湾・沖縄間の貿易の活発化を求めてたびたび台湾を訪れており、これに応えて国府側が同年一〇月に商工会の指導者などを派遣したことから、一一月には琉球銀行総裁などを務める富原守保《とみはらもりやす》を会長とする「中琉文化経済協会」（琉中協会）が沖縄側の組織として結成された。ここではＡＰＡＣＬ沖縄支部の一員である大宜味《おおぎみ》朝徳《ちょうとく》が副会長、蔡璋《さいしょう》が駐台湾連絡所長を務めた。これを受けて、中華民国でも方を会長とする中琉文化経済協会が翌五八年三月に設立され、ここでも大宜味が理事、蔡璋が監事となった（朱徳蘭主編二〇一八、二七八頁、許育銘二〇一四、三六頁、石井二〇一〇、八七〜八八頁）。

さらに、五八年一一月には、大宜味が党総裁、蔡が副総裁兼渉外部長を務める琉球国民党が結成された。蔡は、これを国府の支援を受けたAPACL支部、中琉文化経済協会と同様の「琉球反共独立の党団」の一つとして国府に報告している（「抄琉球革命同志會代電」日付不明、『亞盟』六四七／〇〇二〇、中央研究院近代史研究所檔案館）。同党は、米国と「琉球」の協力の下で自治を促進し、琉球の権益を確保し、国際貿易を振興することにより「琉球人による真正なる琉球」を建設しようとしていた（「琉球国民党の主張」一九五九年六月二五日、『琉球問題』四一九／〇〇〇六、中央研究院近代史研究所檔案館）。ただし、蔡と大宜味は党の結成にあたってUSCARにも許可を求めたが、USCARは冷たい対応しかせず、蔡と大宜味の能力を理由に党の有効性も疑問視していた（成田二〇二〇、八四〜八六頁）。実際に、一九六〇年の立法院議員選挙や六一年の那覇市長選挙に大宜味が立候補したが、USCARが沖縄住民の不満を和らげるために次第に柔軟な政策をとるようになったため、保守派が主張する「積み重ねによる（日本との）実質的一体化」が支持を集め、国民党はほとんど支持を得られなかった（櫻澤二〇一五、九五頁）。

国府の琉球政策の変化

その後も国府は、一九六一年に発足したケネディ（John F. Kennedy）政権が沖縄の潜在主権を日本が持っていると表明した時や、翌年三月に「沖縄は日本の領土の一部」とし日本政府による援助の拡大などの新政策を発表した時に、奄美《あまみ》返還の際に確立した立場に沿って抗議していった。一方で日本政府は、日本が沖縄の潜在主権を持っていると国府が認めないことに抗議したが、国府はこれを受け入れず、日本側に対しても同様の立場を伝えた。それればかりでなく、国府側は日米に対し国府が沖縄に関する立場を表明したことを駐華韓国・フィリピン大使にも伝え、協力を求めた（成田二〇二〇、一五八〜一六〇頁）。

しかし、この時期以降の国府の琉球政策は、いくつかの状況の変化を受け、一九五〇年代の韓国と提携した琉球の自治・独立の支援から、現状維持に重点が置かれるようになったと考えられる。まず、李承晩《イスンマン》政権の崩壊により、韓国政府との連携が失われたこと、そして一九六〇年四月の沖縄県祖国復帰協議会（以下、復帰協）の成立である。復帰協の活動により、この時期には沖縄で日本復帰運動が高まりつつあることが、外から見てもわかるようになっていた。また、一九六四年一一月に首相となった佐藤栄作《さとうえいさく》が、翌年八月に戦後日本の首相として初めて沖縄を訪れ、「沖縄の祖国復帰が実現しない限り、わが国の戦後は終わらない」と沖縄返還に対する強い意欲を示し、日米間でも徐々に沖縄返還に関する協議が進んでいた。

このようななか、一九六六年一二月の中国国民党の第九期中央委員会常務委員会で改めて琉球政策が検討された時、蔣介石総統は、琉球革命同志会などの組織による工作よりも、商会や同郷会などの民間団体の結成による僑務・商務の推進、留学生数の増加、中国・琉球の文化交流関係の促進などに力を入れるよう望んだとされる（石井二〇一〇、八八頁）。

一九六六年以降も日米間の協議は少しずつ進み、翌六七年一一月には佐藤首相の訪米が予定された。この背景には、高度経済成長によって日本が大国としての地位を回復するなかで、沖縄返還問題が国民的な課題とみなされるようになったことや、詳しくは次節で述べるが、状況が悪化していたベトナムに一九六五年から米国が直接介入したため、沖縄・日本で祖国復帰・沖縄返還運動がベトナム反戦運動と結びついてさらに盛り上がっていたことがあった。

一方で、一九六七年に米国政府がこれまで禁じられていた琉球船舶への日の丸の掲揚や、南方連絡事務所による住民のパスポート発行などを認める政策を打ち出すと、国府は沖縄の日本への返還に対する疑念を国務省にたびたび申し入れるようになった。これに対し、米国側は「琉球の地位の変更を最終的に決定することは、戦時期の連合国の宣言（カイロ宣言とポツダム宣言）や、戦後に自由主義諸国が支持した反植民地主義の原則と矛盾してはいない」として、国府と協議することは拒んだが、沖縄に対する国府の安全保障上の利益を理解しているとして、「安全保障上の利益に影響を及ぼすような地位の変更がある場合は、事前に国府に伝えるように努力する」という意思を伝えた（DOS to Taipei, CA-691, July 27, 1967,［U9000053B］沖縄県公文書館）。

佐藤首相の台湾訪問

また、蔣介石から沖縄返還に対する了解を取りつけたいという強い思いを持っていた佐藤首相は、訪米直前の九月に台湾を訪問し、沖縄について蔣介石と直接意見を交わした（石井二〇一〇、八九〜九一頁、井上二〇一〇、三七三〜三七四頁）。国府が日本に対しても沖縄返還に対する自国の立場を主張する一方、一九六五年以降は数度にわたって首相の訪台を求めていたことも、この時期に訪問した背景にあった。佐藤政権は、初めは中国との関係の改善も視野に入れていたため、中国と対立する台湾を訪れることにはためらいもあったが、中国の核軍備の増強や、沖縄返還交渉に伴って米国からアジアでの地域的役割の強化を求められていたことなどがあり、この時期は積極的に台湾に関わろうとするようになっていた（井上二〇一〇、三六七〜三七一頁）。

九月七日から台湾を訪問した佐藤は、事前に外務省が用意した議題に沖縄が含まれていなかったにもかかわらず、翌日に蔣介石と会談を行った時、沖縄を話題にした。ここで佐藤は、沖縄の米軍基地が日本の安全だけでなく、アジアの防衛とも深い関係を持っている

図3　1967年9月に台湾の中山楼で握手を交わす佐藤首相（左）と蔣介石総統（國史館提供）

ことをよく知っているとしつつ、沖縄返還を求める日本の国民感情や、国家とアジアの安全保障の間で苦悩する日本政府の立場に触れ、「日本は現在いかに米軍の力量に影響を与えることなく、適当な時期に沖縄を日本に復帰させることができるかを検討している」と伝えたのである（「総統が日本内閣総理大臣佐藤栄作に接見した際の談話記録」一九六七年九月八日、『蔣中正総統と佐藤栄作の談話記録』〇一二・二／〇〇〇七、中央研究院近代史研究所檔案館）。

これに対し、蔣介石は中国共産党が米国と敵対していることや、沖縄の日本返還が実現する時に共産党が沖縄に侵入する方法を考えたり、沖縄の領土権を主張して意外な争いを引き起こす可能性があることをあげ、「日本は琉球の帰属について焦る必要はない」とした。そして、「米国は領土的野心がなく、琉球の九〇万の人々の声を無視することもできないだろうから、この問題は将来自然に解決するだろう」と述べた。さらに、自らが中国大陸に反攻し共産党を滅ぼすことによって、アジアの平和と安全が確立した後に、沖縄の軍事基地はなくなるだろうという見方も示した（前掲「総統が日本内閣総理大臣佐藤栄作に接見した際の談話記録」）。

なお、蔣の発言については日中台の研究者間で解釈に差があるが、佐藤自身は、この蔣の発言を沖縄返還に対する明確な反対の意思の表現とは考えなかったとみられる。そして、佐藤はその後、外務省を通して国務省との交渉を続ける一方、若泉敬《わかいずみけい》京都産業大学教授を密使として米国に派遣し、ホワイトハウスとの直接交渉により、沖縄の早期返還の可能性を探らせた。

中国の沖縄観

ところで、蔣介石が懸念していたように、中国共産党は沖縄の日本返還が実現する時に沖縄に侵入したり、領土権を主張することを考えていたのだろうか。中国共産党の沖縄に対する認識がわかる公開された史料は多くはないが、先行研究や共産党中央委員会の機関紙である『人民日報』の記事などを参考に、中国側の沖縄観についても確認しておこう。

まず、一九四九年一〇月に成立した中華人民共和国政府（以下、中国政府）が最初に沖縄に言及したのは、朝鮮戦争の開始と同年の一九五〇年一二月だったとされる。既に北朝鮮側に立って参戦し、米国と敵対する状況で、周恩来《しゅうおんらい》外交部長が「琉球群島と小笠原《おがさわら》群島に関しては、カイロ宣言でもポツダム宣言においても信託統治の決定はしておらず、当然、『米国が管理当局だ』と指定などしていない。米国政府の野心はまさに国連の名義を使って琉球群島と小笠原群島を長期占領し、極東における侵略の軍事基地を設立しようとするもの」だと対日講和問題についての声明のなかで述べたのである（笘米地二〇一八、五六頁）。後半部分の見解は国府とは異なるが、沖縄・小笠原の地位がカイロ・ポツダム宣言で決定されていないとみていたという点は、中国政府も同じだった。また、翌五一年三月には「米国は沖縄島の侵略基地建設を強化」という題で、日本や沖縄の新聞をもとに、米国が沖縄を基地化し、残酷な警察統治を行っていることを強調した短い記事が載っている（『人民日報』一九五一年三月八日）。

その後、管見の限り一九五六年までは記事はないが、島ぐるみ闘争以降は再び関心が向けられ、前章で触れたように、翌五七年以降は那覇《なは》市長となった瀬長亀次郎《せながかめじろう》に言及した記事が書かれている。六月一七日に那覇市議会が瀬長に対する不信任案を可決した直後の記事では、それが沖縄の人々の「反米力量」に打撃を与え、沖縄を核戦略基地として永久に占領することを目的とし、米国が那覇市政に粗暴に干渉した結果だと批判しており、最後は「沖縄と日本の人々の力によって、米国が永久に沖縄を占領しようとする試みは不名誉な失敗に終わるだろう」と結んでいる（『人民日報』一九五七年六月二三日）。

また、一九五八年一一月には、陳毅《ちんき》外交部長が、「沖縄・小笠原を含む日本領土から米国の一切の軍事基地を撤廃し、米国の全ての武装勢力を撤退させ」ようとする日本人民の「正当な願望」に、中国人民は「完全に同情し、支持する」と表明した。さらに、一九六四年一月には、最高指導者である毛沢東《もうたくとう》自身が沖縄返還について、「中国人民は衷心から日本人民の正義の闘争を支持する」と「日本人民の反米愛国主義の闘争を支持する」談話のなかで述べたとされる（笘米地二〇一八、五六頁）。

一九六〇年代に入ると、『人民日報』の記事は次第に増え、特に六二年から六四年にかけては、サンフランシスコ平和条約の発効の日である四月二八日に、「米帝国主義」に対する「日本人民」の闘争への支持が毎年表明された。

このように、同時期の中国は、蔣介石の懸念とは異なり、米国と対立する立場から、沖縄を日本の一部とみなし、米国の「沖縄占領」に反対する沖縄と日本の復帰／返還運動を支持していたのである。

「両三年内」の返還時期決定の合意

それでは、一九六七年一一月の佐藤首相の訪米の結果、沖縄返還問題にいかなる進展があったのだろうか。

佐藤は一一月一二日から米国を訪問し、政府首脳らと会談を行った。ここで国府の沖縄返還に対する懸念が話題になると、佐藤は訪台した際に蔣に「軍事体制は弱めないから安心するように」と伝えたと述べた。そして、日本国内に政治的な圧力があるため、沖縄返還についての合意が共同声明に書き込まれることが日米関係の維持のために重要だとし、「国民に希望をもたせ、協力を得ること」が「基地の維持にも特に大切」だと強調した（「佐藤総理・マクナマラ国防長官会談録」日付不明、「沖縄関係五　返還交渉前史（対米・対内）」0600-2008-00031、H二二-〇二一、外務省外交史料館）。このために日本側が示したのが、「総理と大統領は、両三年内に返還時期に合意しうるよう努力すべきことに合意した」という文言だった。

一方、米国側は、日本側と米国側の見解を別々に書くことを望んでいた。しかし、協議の結果、米国側が提案した、佐藤が「両国政府がここ両三年内に双方の満足しうる返還の時期につき合意すべきであることを強調した」という表現にすることで一致した（FRUS, 1964-1968, vol. 29, Part 2, Japan, Doc. 105,「佐藤総理・ラスク国務長官会談録」日付不明、「沖縄関係五　返還交渉前史（対米・対内）」0600-2008-00031、H二二-〇二一、外務省外交史料館）。こうして、日本時間の一一月一六日に共同声明が発表されたが、これに対し沖縄・日本ともに明確な返還のメドがつけられていないことに不満が目立った（『朝日新聞』一九六七年一一月一七日）。

一方、同月二七日に訪日した国府の蔣経国《しょうけいこく》国防部長に対し、佐藤はアジアの安全は沖縄米軍基地と密接に結びついているという認識を示し、次回訪米する際も、米国が沖縄に基地を保有し続ける状況下で、沖縄の行政権のみ日本に返還するという方針で臨むと伝えた（「部長と日本佐藤首相の談話記録」一九六七年一一月二七日、『蔣經國訪日（三）』〇〇五‐〇一〇一〇〇‐〇〇〇〇一四‐〇一〇、國史館）。この時点で佐藤は、米国政府・国府には基地を維持したまま施政権のみ返還する方針をはっきりと伝えていたのである。また、米国側や佐藤の対応により、国府側も日米両政府が沖縄の基地機能を維持する方向で返還方針を考えていることに、ある程度安心感を持ったと考えられる。

以上のように、一九五七年以降の国府は、新たに中琉文化経済協会を設立し、沖縄との直接的な経済・文化的交流にも力を入れるようになった。そして、一九六〇年に李承晩政権が倒れる一方、沖縄で復帰協が結成され、六五年以降に日米間の交渉が始まると、国府は琉球革命同志会による工作よりも、経済・文化交流の強化をより重視するようになった。しかし、連合国の一員として沖縄返還問題について協議する権利を持っているという立場は変えず、日米間だけで沖縄返還協議が進められていることに抗議し続けた。このため、一九六七年に訪米した佐藤は、その前に台湾を訪問し、米軍基地を維持しつつ沖縄を復帰させることを検討していると蔣介石に伝えた。佐藤の訪米後発表された共同声明には「両三年以内に沖縄返還時期について合意すべき」という文言が盛り込まれ、一九七〇年に向け、日米間の交渉はその後さらに本格化していくことになる。

沖縄返還交渉と韓国・台湾

沖縄返還交渉と朝鮮半島情勢

この節では、一九六九年一一月に日米首脳間で沖縄の「七二年、核抜き・本土並み」返還が決定されるまでの間に、韓国政府と国府が沖縄の帰属・基地問題にいかに関わろうとしたのかを詳しくみていく。まずは、李承晩政権が崩壊した後の韓国政府の動向と、対立していた北朝鮮の動向について確認しよう。

国府が一九六〇年代以降も日米間の沖縄返還交渉に注目し続けていたのに対し、一九六一年に軍事クーデターによって成立した韓国の朴正熙《パクチョンヒ》政権は、一九六〇年代前半は日韓国交正常化、ベトナム派兵など、沖縄返還以外の問題に関心を集中させていた。しかし、朴政権もまた一九六八年以降、沖縄返還問題に強い関心を示すようになっていく。その背景には、一九六五年から始まった韓国軍の南ベトナム派兵に反発した北朝鮮が、軍事境界線の近くで挑発を強め、朝鮮半島情勢が急速に悪化していたことがあった。

そして、一九六八年一月二一日に北朝鮮のゲリラが韓国大統領官邸の襲撃未遂事件を起こし、続いて二三日に北朝鮮海軍が米国の情報収集艦プエブロ号を捕えて北朝鮮に抑留すると、危機はこれ以上ないほどに高まり、沖縄の米軍基地が韓国の安全保障のために果たしている役割が急に注目されるようになった。

一方、北朝鮮は韓国政府とは逆に、早い時期から沖縄の人々が置かれた状況に関心を寄せており、既に一九五五年四月の段階で、政権を担う朝鮮労働党の機関紙である『労働新聞』には「沖縄は日本に返還されなければならない」という記事が掲載された（『労働新聞』一九五五年四月二五日）。これは、インドで開催されたアジア諸国会議で出された沖縄の日本への即時返還を要求する建議を受けて書かれており、建議が「極東の平和と自国の民主主義と自主独立のために、また沖縄の返還を要求し闘争している日本人民の正当な声であると同時に、アジアにある米帝の侵略的軍事ブロックと軍事基地の撤回を要求する全アジア人民の意志」でもあるとされている。

さらに、一九六三年二月に開催された第三回アジア・アフリカ人民連帯会議の時に、サンフランシスコ平和条約が発効した四月二八日を「沖縄デー」とし、国際的な共同行動をとることが呼びかけられると、北朝鮮では沖縄が返還される前まで、この日を記念する行事が続けられた（林慶花二〇一五、二四五～二四七頁）。

一九七二年に沖縄が返還されるまでに『労働新聞』に掲載された沖縄関連記事も、一九五〇年以降、二三〇件近くにのぼっている。沖縄デーには毎年「沖縄は日本に帰属しなければならない」という主張が繰り返されているほか、沖縄の人々の「米帝」に対する闘争を伝え、復帰／返還闘争に対する連帯を示す記事も多くみられる。もちろん、この時期の北朝鮮と沖縄との間に直接的なつながりが築かれることはなかったが、この時期の沖縄は、ベトナム戦争だけでなく、このような朝鮮半島の南北対立にも巻き込まれていたのである。

沖縄の革新化と韓国の安全保障構想

一九六八年一月以降、安全保障上の不安がさらに強まった韓国では、沖縄の日本返還により、反戦的な日本世論の圧力で米軍基地の機能が弱められるとみなされ、国内の安全を維持するための様々な案が提起され始めた。その一つは、沖縄基地の一部を韓国の済州島《チエジユ》に移す案であり、「韓国にとっては防衛力の強化、米国にとっては在日米軍基地に対する反対圧力の解消になり、日本政府は米軍基地撤去を要求する国内世論の圧力から逃れられる」（『読売新聞』一九六八年六月一七日、『京郷新聞』一九六八年六月一八日）などとして、政府内部・与野党間で論じられた。しかし、米国政府が莫大な予算がかかることなどを理由に受け入れなかったため、しばらくは立ち消えになった（成田二〇二〇、一九八～二〇一頁）。

一方、米国政府は一九六八年二月に水爆も搭載可能な大型戦略爆撃機B五二（以下、B五二）を北朝鮮への抑止力として嘉手納《かでな》基地に配備し、一月末の旧正月（テト）から始まった北ベトナム側の大攻勢により戦況が悪化するなか、ベトナム出撃にも使い始めた。次章で詳しく扱うが、B五二の配備は沖縄の人々に戦場との直接的なつながりを思い起こさせ、復帰運動が反戦運動と結びついてさらに高まるきっかけになった。このため、一九六八年一一月に行われた初の琉球政府の主席公選選挙では、即時無条件全面返還、B五二撤去などを掲げる革新共闘統一候補の屋良《やら》朝苗《ちょうびょう》が、本土との一体化などを訴えた保守側の西銘《にしめ》順治《じゅんじ》に三万票余りの差をつけ当選した。

さらに、この選挙から一週間後にB五二が墜落爆発事故を起こすと、B五二とすべての核兵器の即時撤去などを求めて結成された超党派の「いのちを守る県民共闘会議」が、配備から一年となる二月四日にゼネストを行うことを計画した。最終的に、上京し政府関係者と交渉した屋良主席の要請でゼネストは回避されたが、事態を重くみた日米両政府は沖縄返還交渉を本格化させてゆく（成田二〇二〇、第三章）。

一方、沖縄の選挙と同じ時期に、ベトナム戦争の終結とアジアへの関与の縮小を掲げたニクソン（Richard M. Nixon）が新たな米国大統領となったため、米国による韓国の安全への関与が続くかについて、韓国ではいっそう不安が高まった。

韓国政府は翌六九年一月に米国に親善使節を送り、NATO（北大西洋条約機構）のアジア版であるアジア太平洋条約機構（Asia-Pacific Treaty Organization: APATO）構想について話し合うことを求めた。しかし、本格的な沖縄返還交渉を前にした米国政府は積極的な反応をみせず、韓国が参加を求めようとした日本でも、ニクソンの以前の言動から集団防衛体制に参加させられることに不安が高まっていたため、佐藤首相は、同年二月に日米安保体制以外の地域的な集団安保体制には入らない意向を明らかにした（成田二〇二〇、二二四頁）。

このようななか、韓国外務部は韓国を含むアジアの自由主義陣営の安全保障体制の強化策について分析し、地域共同防衛条約機構をつくることを最終的な目標とし、その第一段階として「純軍事的な自由アジア常設非常軍（仮称）機構」を置くという方針を示した。

その後、朴大統領は二月末に中華民国の蔣経国国防部長を招き、東アジアの安全保障に関わる問題について話し合った。この時に、集団防衛体制の設立はまだ早いとされたが、両者が沖縄基地の戦略的な重要性を再確認し、沖縄からの米軍撤退を防ぐため、韓国が単独で他のアジアの自由主義諸国に協力を求めることが決まった。これ以降、韓国では政府高官・国会議員・報道機関などが、沖縄返還により沖縄の基地機能が弱まることに強い懸念を示すようになる（成田二〇二〇、二二四～二二六頁）。

「核抜き・本土並み」の波紋

韓国で不安が高まるなか、佐藤首相は三月に国会で、沖縄返還の交渉方針は「核抜き・本土並み」だと明らかにした。韓国政府と国府は、沖縄の基地機能を低下させる方針と受け止め、日米両政府に基地の機能を維持するよう求め始めた。これは、「核抜き」は沖縄にある核兵器の撤去、「本土並み」は基地を本土並みに縮小することを意味すると一般的に捉えられていたためだった。

ただし、両国の懸念とは異なり、日本政府が意図していた「本土並み」は、日本本土と同様に日米安全保障条約を全面的に沖縄に適用することだった（中島二〇一二、一二頁）。そして、佐藤自身は、それまでに外務省関係者に「日本の安全のため沖縄の基地がなぜ必要かが一番重要であり、返還の結果基地が弱くなっては困る」という趣旨の発言をしたり（米局長「総理との打合せ」一九六八年一二月七日「日米関係（沖縄返還）一九」0600-2010-00070、H二二-〇二一、外務省外交史料館）、「自分の関心事は日本の安全と極東の安全保障を確保することにある。この点では韓国のパク大統領も中華民国の蔣総統も日本に期待するところがあるのだと思う。自分はかかる期待に反することはしたくない」と元ニューズウィーク外信部長のカーン（Harry F. Kern）に語ったりするなど（「Harry Kern と佐藤総理大臣の会談について」一九六九年二月二八日「日米関係（沖縄返還）一九」0600-2010-00070、H二二-〇二一、外務省外交史料館）、周辺諸国の安全と意向を重視する姿勢を明らかにしていた。

つまり、日本とアジアの「安全」のために沖縄の基地機能を維持しつつも、早期の返還を求める世論を納得させるよう、一九六九年中に返還時期の目途をつけることをめざそうとしていたといえるだろう。

しかし、日本政府の意図を知らされず、安全保障上の不安を抱えていた韓国政府は、沖縄返還に強い懸念を抱いた。韓国外務部は、同方針の表明から一週間後、沖縄返還に関する問題点と政府がとるべき立場を分析し、一九五〇年代の李承晩政権の独立保障論とは異なり、沖縄の基地機能が低下した場合は極東の安全のためにそれを補う必要な措置がとられるという条件のもと、日本返還の原則自体には反対しないことに立場を変えた。その上で、極東の安全保障上、許容される時期より前の返還には反対し、特に沖縄基地の自由使用を妨げる可能性がある日米間の「事前協議制」の適用（後述）には反対せねばならないとした。また、沖縄返還問題を、関係各国の安全保障上の利害がからむ国際的な問題として取り上げようとした（「琉球（沖縄）問題—問題点と政府の立場」一九六九年三月一七日、『米国・日本間沖縄返還問題、全二巻』V・一　一九六九・一～六月〈分類番号七二二・一二JA／US、登録番号二九五八〉韓国外交史料館〈以下、『返還問題二』と略記〉）。

一方、国府側でも三月一一日に周書楷《しゅうしょかい》駐米中華民国大使が国務省に国府の従来の立場を伝え、国府と沖縄返還問題について協議するよう求めたほか、一五日にも魏道明《ぎどうめい》外交部長が改めて沖縄の日本帰属に反対し、すべての関係国間の協議を通じて沖縄の地位を決定すべきとする声明を発表した（成田二〇二〇、一三〇頁）。このように、ＡＰＡＴＯ構想に日米両国が関心を示さず、日本政府が沖縄の基地機能を低下させるような交渉方針を示したことは、特に韓国政府に非常な危機感を与えていたのである。

それでは、日本政府はなぜ周辺諸国に不安を与えつつも、「核抜き・本土並み」という方針を一九六九年に掲げたのだろうか。

「領土問題」の強調

まず、翌七〇年の日米安全保障条約の自動延長を前に、日本社会党など日本の左派が沖縄返還問題を安全保障の問題と結びつけ、六〇年の安保闘争のような事態が再発することを日本政府が恐れていたからだと考えられる。このため、日本政府は沖縄の返還が日米間の戦後処理に関わる領土問題だという点を強調し、安全保障問題と関連づけられることを避けようとしていた。沖縄返還運動のなかで「沖縄を返せ」という題の歌が歌われたように、当時の日本人は一般的に沖縄が敗戦によって失われた領土だとみなしており、この点で国民的な共感が得られやすかったこともあるだろう。

また、日米間の安全保障体制が揺らぐことを恐れていたのは米国政府も同じだった。このため、米国政府は韓国政府・国府に対し、日本政府の意図は沖縄の基地機能を低下させることではないと伝え、両国の反応を抑えようとした。

例えば、両国が沖縄返還交渉に対する関心を示し始めた六九年三月に、駐日米国大使館は、以下のような内容を両国政府に伝えることを提案した。①沖縄返還交渉により、米国の一般的なアジア（特に韓国と台湾）の安全保障への関与のための能力が危険にさらされることはない、②基本的な米国の目標は、日本と沖縄の基地の安全保障への貢献を可能な限り最高のレベルで保つことであり、この目的は日本政府の指導部と政党の最も有力な人々や多くの日本人に共有されている、③日本政府と米国政府は沖縄基地のアジアの安全保障上の役割を十分に考慮した方法で返還を準備するために協力していく、④日本で論議の的となりかねない問題に不必要に注意を引きつけるようなことをしたり、大衆的な議論を刺激したりすることは、日米両政府のこの問題への協力的なアプローチをより困難にし、米国の目標を達成する助けとはならない（Tokyo to DOS, #2170, Subject: Okinawa, What to tell ROKG and GRC, March 21, 1969, "復帰関係（Reversion）1603-04; Reversion（ROK and GRC）"［0000099305］沖縄県公文書館）。おそらくこれは実行に移されたと考えられる。

しかし、日米交渉に対する韓国政府の懸念はすぐには消えなかった。四月一五日に北朝鮮の領空近くをパトロールしていた米海軍偵察機ＥＣ一二一が北朝鮮の戦闘機により撃墜されると、韓国では安全保障に対する不安がさらに増し、四月三〇日の韓国国会本会議では、「韓国と極東安保のために沖縄基地の戦略的価値が減少する事態が発生しないよう、関係国と強力な外交交渉を開始する」（『東亜日報』一九六九年四月三〇日）ことなどを政府に求める建議案が採択された。このようななか、韓国政府は多国間協議の場で沖縄返還問題を取り上げようと試み、韓国駐在の各国大使館などに協力を求めたほか、まず五月二二日に開かれる第三次ベトナム参戦七ヵ国会議で、沖縄問題を公式の議題として取り上げようとした（成田二〇二〇、二四九〜二五三頁）。

それでは、日本政府の「核抜き・本土並み」に対し、米国はどのような交渉方針を持っていたのだろうか。

介入に対する抑制

米国政府内では、一九六九年一月からキッシンジャー（Henry A. Kissinger）大統領補佐官が対日政策の見直しを指示し、その結果は最終的に国家安全保障決定覚書一三として五月末にまとめられた。このなかで、沖縄返還については、朝鮮・台湾・ベトナムとの関係を考慮し、通常兵器搭載の場合は沖縄基地の自由使用を最大限に確保すること、緊急時の核兵器の貯蔵・通過権の確保を条件として、沖縄の七二年返還を受け入れる方針が固まった（平良二〇一二、二六四頁、National Security Decision Memorandum 13, Subject: Policy Toward Japan, May 28, 1969, NSA No.77281,〔U90005457B〕沖縄県公文書館）。沖縄の基地機能の維持を望むという点では、日本・米国・韓国・中華民国とも差はみられなかったといえる。しかし、六月の愛知揆一《あいちきいち》外相の訪米によって日米交渉が始まると、対外的には「核抜き・本土並み」による基地機能の縮小を求める日本政府と、それに難色を示す米国政府という構図で交渉が伝えられるようになっていく。

このようななか、韓国側がベトナム参戦七ヵ国会議で沖縄の返還問題を提起しようと試みると、国務省はこれがベトナム戦争に批判的な日本の世論に悪影響を与えるとみて、駐韓米国大使館に韓国側が会議でこの問題を扱うことを強く思いとどまらせるよう指示した。このため、韓国側は沖縄の問題を共同声明に盛り込もうと努力したが、参加国の積極的な賛同は得られず、北朝鮮の挑発に共同で対処することが確認されただけだった（成田二〇二〇、二五三〜二五六頁）。

その後、六月初めに朴大統領が米紙との単独会見で、アジアの自由国家の安全のための沖縄基地の重要性を強調しつつ、済州島を新たな軍事基地として提供する用意があると述べるなど、韓国では再び沖縄基地の済州島移転が論じられるようになった。

さらに、韓国政府は六月に日本で開かれるアジア太平洋協議会（Asian and Pacific Council: ASPAC）の会議でも、沖縄問題を議題とすることを明らかにした。しかし、ここでも米国政府は沖縄に対する米韓両国の立場は同じだということを強調しつつ、「あまり大きく騒がれると日米間の交渉に支障がある」などとして、韓国政府が沖縄について提起するのを抑えようとした（成田二〇二〇、二六〇〜二六二頁）。

米国側の働きかけのためか、崔圭夏《チエギユハ》外務部長官はＡＳＰＡＣ会議では沖縄問題を公式的には取り上げず、愛知外相との会談で韓国の立場を伝える程度とし、国会の質疑でＡＳＰＡＣ会議で沖縄問題を取り上げなかった理由を追及されるはめになった（『京郷新聞』一九六九年六月二六日）。この状況で、佐藤首相はＡＳＰＡＣでの愛知と崔の会談内容を踏まえ、六月一九日の外国人記者クラブでの質疑で、日本が「韓国と中華民国の安保に対する沖縄の重要性を認識している」と明らかにした。この答弁は韓国で「韓国安保十分に考慮」などと比較的大きく扱われ、この頃から韓国側は沖縄返還交渉に対し以前ほど積極的に関心を示さなくなっていった。また、国府側は、三月以降は韓国政府に同調しつつも、この時期は目立った動きはみせなかった（成田二〇二〇、二六二～二六三頁）。

韓国政府・国府への配慮

それでは、韓国政府と国府の安全保障上の懸念は、日米の沖縄返還交渉にどのように反映されていたのだろうか。ここでその過程について詳しく述べるのは難しいが、両国のためにいかなる配慮がなされたのかという点を確認しておきたい。

六月以降、日米間では協議が進み、七月からは日米共同声明に関する本格的な交渉も始まった。ここで、沖縄返還に関連し、周辺諸国の安全保障への関与をいかに表すのかが議論になった。

まず、米国側は韓国や中華民国が訴える安全保障上の不安を念頭に置き、一九六〇年の日米安全保障条約改定に伴って設けられた事前協議制度を、変えるかなくすかすることを迫った。これは、米国が日本の基地を使って日本以外の地域で戦闘作戦行動を行う場合や、核兵器を持ち込む場合などに用いられる制度だが、一般的に事前協議をした時は日本側が基地の使用を拒否できるとみなされていたため、沖縄基地の自由使用が難しくなるとみた韓国政府と国府の懸念の種となっていたことが理由だった。

一方、日本側は主権国家として基地の使用の可否を判断するために事前協議制が必要だと考えており、当初は意見が対立した（波多野二〇一三、三五～三八頁）。しかし、九月に愛知外相が二回の訪米を行った時に、共同声明に「韓国の安全は日本の安全にとって緊要」、「台湾地域における平和と安全の維持も日本の安全にとってきわめて重要」という表現を盛り込み、佐藤首相が別に行う演説でも事前協議に関する日本の対応について述べることで、大体意見が一致した（中島二〇一二、二〇八～二一七頁）。

その後、米国政府内では、韓国と中華民国に特使を送り、沖縄返還交渉の進展について説明するという案が出され、スナイダー（Richard Lee Sneider）沖縄担当公使らが両国に派遣されることになった。また、一〇月中旬に佐藤首相の訪米の時期が内定したと報じられると、韓国政府と国府が再び共同声明の内容に関心を示し始めたため、日本側では両国の不安に応える方法を検討し、沖縄返還に対する日本政府の見方を知りたい場合は駐在日本大使に尋ねるよう求める短い手紙を佐藤が蔣総統と朴大統領に送り、共同声明の発表と同時に、駐在日本大使が日本政府の立場を両人に会って説明すると仮決定した（成田二〇二〇、二七三・二七六頁）。

その後、一〇月末にスナイダーらがまず台湾を訪れ、交渉の進展を「通知」することが目的だとはっきりさせた上で交渉の経緯などについて述べ、今は日米首脳会談ですべての決定を待っている段階だと説明した。

一方、国府側は日米交渉について「協議」するよう求め、かつて中国が沖縄の宗主国だったことにまでさかのぼって国府の立場を説明し、米国が同盟国と相談せずに単独で「琉球」を日本に返すと決めるのは受け入れがたいとした。また、多くの沖縄の人々が日本への返還に反対しているため、最後の決定を下す前にその意見を問う機会を持つことや、返還された場合の安全保障上の影響について米国と話し合うことを求めた。

しかし、米国側はアジア太平洋地域の安全の問題については日本側も同意していることなどをあげ、復帰に伴って日本が防衛責任を分担していくため、米国はこの地域の安全の維持により力を注ぐことができると強調し、沖縄の人々の意見を問うことには何も触れなかった。スナイダーらは一一月初めに韓国も訪れ、国府向けのものと同様の説明をし、丁一権《チョンイルグオン》国務総理らに韓国政府の利益は十分に考慮されていると示唆した（成田二〇二〇、二七四～二七五・二七七頁）。

「七二年・核抜き・本土並み返還」の決定

一一月になると日米交渉は大詰めとなり、外務省を通した正式な交渉では最後まで解決できなかった核兵器に関する問題も、密使の若泉を通した交渉で秘密の合意議事録をつくるという合意がなされた（中島二〇一二、第五章）。そして、米国での一連の会談の結果、七二年の沖縄返還を明記した佐藤・ニクソン共同声明が、現地時間の二一日に発表された。ここでは「核抜き・本土並み」返還の実現が強調され、これを追い風として、「即時無条件全面返還」を望んでいた沖縄側の不満をよそに、一九六九年末の衆議院選挙では自由民主党（以下、自民党）が圧勝した。

日本では「失われた領土」が返ってくると捉えられた反面、この時に同声明の第四項に盛り込まれた「韓国・台湾条項」と、佐藤首相のナショナル・プレスクラブでの演説の韓国と台湾に関する言及により、韓国と中華民国に対する配慮が示された。どちらでも両国の安全が日本の安全と密接に関わっているとされ、特に演説では、韓国が武力攻撃を受け、米軍が日本国内の施設や区域をそれに対する戦闘作戦行動の発進基地として使わねばならなくなった場合、「事前協議に対し前向きに、かつすみやかに態度を決定する方針」だと

図４　首脳会談後の佐藤首相とニクソン大統領（那覇市歴史博物館提供）

明示された。台湾についても同様の認識が示されたが、中国との関係を意識し、「幸いにしてそのような事態は予見されないのであります」という言葉が付け加えられた。

そして、声明発表の直前には、金山政英《かなやままさひで》駐韓日本大使により、共同声明の概要と、日米が「沖縄の軍事価値を維持するための韓国側の立場を十分に理解し、韓国側にも満足に値する解決となるだろうとみて」いるという見通しが陳弼植《チンピルシク》外務次官に伝えられた（外務部報告事項、「外一一一八号、ニクソン―佐藤会談に関する陳次官と金山大使との面談」一九六九年一一月二一日、『返還問題二』）。さらに、金山大使は二四日に朴大統領とも面談し、より詳細な報告を行ったほか、事前協議に関して、「非常事態の時には核兵器の搬入が可能であると解釈できる」という見方を伝えた（「大統領閣下と金山日本大使の面談要録」一九六九年一一月二四日、『返還問題 二』）。

蔣総統に対しても、一一月二一日に板垣修《いたがきおさむ》駐華日本大使が、同様に核と事前協議に関する内容を含む交渉結果の概要を伝えた。蔣は「沖縄返還に反対しない」と述べ、安全保障の問題に対し日米がとった立場に感謝の意を示すとともに、①中国での共産党の支配が終わるまで米軍基地は沖縄に残されるべきであり、②日米共同声明発表後に国府が出す声明は国内向けなので、意図を誤解しないでほしい、という二点を佐藤に伝えるよう求めた。翌日、国府の公式的な声明では、①国府は琉球の地位に非常な重要性があると考えている、②国府は共同声明が琉球問題とアジアの地域的安全の関連性に考慮していることを「適切」だとみなす、③将来の琉球の地位に対する問題が「適当な手続きなしに」決定されたことは遺憾だ、という立場が示された。（成田二〇二〇、二八八〜二八九頁）。

このように、表向きは「核抜き・本土並み」という言葉を使いつつも、実際は緊張の続く東アジアの情勢を背景に、沖縄の基地機能を維持する形で沖縄返還合意がなされた。そして、米軍基地の機能が弱まることを恐れ、交渉に関与しようとしていた韓国政府・国府に対しては、表向きは「日米間の領土問題」として介入を拒みつつも、さらなる介入を防ぐために裏で交渉に関する内容が伝えられることになった。

ニクソン・ドクトリンと沖縄返還の帰結

それでは、一九七二年に実際に沖縄が日本に返還されるまでには、いかなる経緯があったのだろうか。この節では、一九六九年の沖縄返還合意の後、沖縄の施政権が日本に返されるまでの過程を、同時期に発表されたニクソン・ドクトリンとの関わりに注目しつつたどっていく。

沖縄返還合意に対する中国の反応

ニクソン・ドクトリンは、一九六九年七月にニクソン大統領がグアム島で発表した外交戦略の基本路線であり、一九七〇年二月に外交教書により公式化された。その内容は、米国は条約上の義務に従い、またアジア各国でつくられる政治・経済計画を支援するが、ベトナム戦争のように一国が米国に依存しすぎるような政策は避けるという方針を示したものだった。軍事的な問題については、核兵器を含む大規模な脅威を除いては、アジア国家自体がそれに立ち向かうべきだという考え方も示されていた（FRUS, 1969–1976, Vol. 1, Foundations of Foreign Policy, 1969–1972, Doc. 29）。

これとともに、ニクソンは一九七〇年代に入ると、長く対立してきた中国との関係を良くしようと試み、世界に大きな衝撃を与えていく。その前提として、まずは中国が日米間の沖縄返還合意をどのように捉えていたのかを確認しよう。

「国府の対琉球政策の変容」の節でも触れたように、それまで中国政府は沖縄を日本の一部とみなし、「米帝国主義」の沖縄占領に反対する沖縄と日本の復帰／返還運動を支持していた。ただし、佐藤政権については米国寄りの「反動派」として批判的にみており、一九六七年に佐藤・ジョンソン共同声明が発表された時にも、党機関紙の『人民日報』は、佐藤が沖縄と小笠原の米軍基地が日本と極東の自由国家の安全に極めて重要だ、という立場をとったことを論説で非難した（『人民日報』一九六七年一一月二〇日）。

佐藤・ニクソン共同声明の発表後、中国政府は佐藤政権に対する批判をさらに強めた。中国政府は、特に共同声明において台湾・韓国・ベトナムの安全が日本の安全と結びついているとされたことを危険視しており、一二月二八日の『人民日報』の社説は、沖縄返還合意はニクソンの新アジア政策の一部であり、「米国を黒幕、日本を柱とした新たな侵略的軍事同盟を企」み、「日本をさらに牢固に米帝国主義の戦車の上に縛り付けただけでなく、さらに大っぴらに侵略の矛先を中国、朝鮮、ベトナムとインドシナに向け、必要な時には直接戦場に赴き、軍事的冒険を行う準備」だとした（『人民日報』一九六九年一二月二八日）。当時の日本国内では、米国に頼らずに自国の防衛体制を整えようという「自主防衛論」が高まっており、その一環として沖縄への自衛隊配備が検討され始めたことも、日中戦争の際に日本軍と戦った経験を持つ中国側が警戒する理由の一つとなっていた。また、一九六九年末の衆議院選挙で、自民党の圧勝により中国に好意的だった日本社会党の議席が大きく減ったことは、中国政府が日本に対する政策を考え直すきっかけになったのである（成田二〇二〇、二九七～二九九頁）。

中国・北朝鮮の提携

また、先に触れたように、沖縄の米軍基地が朝鮮戦争の時に出撃・補給基地として使われていたため、北朝鮮の金日成《キムイルソン》主席は、沖縄基地を「大都市と住民部落に対する無差別爆撃を敢行し無辜《むこ》な人民を無差別に虐殺」した「米帝の朝鮮侵略基地」とみなす一方で、早くから沖縄の住民運動に目を向け、連帯しようとする姿勢をみせていた（林慶花二〇一五）。

一九六八年に入ると、前年の佐藤訪米前からスローガンとして使われていた「即時無条件全面返還」が、党機関紙の『労働新聞』の紙面に登場し、これに対する支持が表明されるようになった（『労働新聞』一九六八年一月一一・一九日・三月七日など）。例えば、最初にこの言葉が登場した一九六八年一月一一日の記事では、即時無条件全面返還を要求する日本人民の闘争は、「米帝のアジア侵略のための前哨基地としての米帝の沖縄強制占領を永久化しようとする日米反動の凶悪な策動を粉砕」しようとするものであり、米国がベトナム戦争の拡大と朝鮮半島での新たな戦争のための挑発を行っている状況において、「アジアと世界平和のために、日本の独立と安全のために格別に重要な意義を持っている」と評価されている（『労働新聞』一九六八年一月一一日）。

そして、一九六九年一一月の佐藤・ニクソン共同声明は、「この島（沖縄）をひきつづき米帝国主義の凶悪な核攻撃基地として維持し、すすんでは日本の全領土を沖縄のような米帝国主義の核基地に変えようとする」ことを目的とした、米帝国主義者と日本軍国主義者による「アジアに対する侵略的共謀結託」（『労働新聞』一九六九年一一月二四日）とみなされた。

また、返還合意以降、米軍が経費を減らすことを目的に基地で働く労働者の解雇を始めると、『労働新聞』は彼らの解雇撤回闘争に対する支持も表明するようになった（『労働新聞』一九七〇年一月二〇・二八日など）。七〇年四月二八日の「沖縄デー」の時は、「朝鮮アジア・アフリカ団結委員会」委員長が、「米帝は沖縄を始めとする日本の全域と南朝鮮とベトナム、そしてあらゆる地域、あらゆる国から殺人兵器を持って直ちに退け」という内容の談話を発表した（『労働新聞』一九七〇年四月二九日）。

このようななか、同年四月初めに金日成主席の招きに応じて中国の周恩来首相が北朝鮮を訪れた。この時に発表された共同声明では、「米帝国主義の積極的保護の下に日本軍国主義はすでに復活」しているとされ、反米闘争を進めると同時に、「日本軍国主義」に反対する闘争を強化する決意が表明された（『朝日新聞』一九七〇年四月九日）。中国と北朝鮮はともに沖縄返還合意を米国の帝国主義者と日本の軍国主義者の「結託」によって成し遂げられたものとみなし、周辺の自由主義諸国の安全と日本の安全のつながりが示されたことを脅威と捉え、結束を強めようとしたのである。

それでは、日米両政府は、中国・北朝鮮が警戒していたように、実際にアジアに対する侵略を行おうともくろんでいたのだろうか。まずは、日米間で進められていた自衛隊配備計画について確認してみよう。

自衛隊配備計画と在韓米軍の削減

この計画は、一九七二年から始まる予定だった、第四次防衛力整備計画（以下、四次防）の一環であり、防衛庁は一九六八年頃から沖縄防衛について検討を始めていた。当時の日本では、自主防衛政策と日米安保体制のあり方などに関して本格的に検討する必要があるという認識が高まっており、特に自衛隊配備を含む復帰後の沖縄の防衛計画は、その重要な要素になると考えられていた。これまでは米軍が沖縄防衛の任務も担当していたが、沖縄の施政権が日本に戻れば、これを日本が担当する必要があるためだった。佐藤・ニクソン共同声明の発表後、沖縄返還の具体的な内容を取り決める返還協定の調印に向け、日米間で自衛隊配備を含む様々な協議が始まった（成田二〇二〇、二九四〜二九六頁）。

一方、同時期の米国政府内では、佐藤・ニクソン共同声明の発表直後から、在韓米軍の削減計画が進行していた。そして、国家安全保障に関する国内・外交・軍事政策について大統領に助言する役割を担う国家安全保障会議で検討が行われた結果、一九七一会計年度内に二万人を減らすとともに、その影響が出ないように韓国軍近代化計画を作成することが一九七〇年三月二〇日に決定された（劉仙姫二〇一二、七四〜七七頁、李東俊二〇一〇、六九〜七六頁）。翌年五月に予定されていた韓国大統領選挙に影響が出ることを避けるため、朴正熙大統領にはこのような計画があることが三月末に正式に伝えられた。

このように、日本で沖縄への自衛隊配備が議論される一方、韓国では在韓米軍の削減が議論され始めたために、米軍が撤退した後に日本がその役割を引き継ぎ、再び軍事大国化するのではないかという不安が国内外で生まれることになった。一九七〇年一月に組閣された第三次佐藤内閣に、「自主防衛」の主唱者だった中曽根康弘《なかそねやすひろ》が防衛庁長官として入閣したことも、その一因となった。

中曽根は就任後、四次防を「新防衛力整備計画」と改称し、自主防衛を日米安保によって補うという「自主防衛五原則」を提示するなど、新たな方針を打ち出していた。自衛隊による沖縄防衛については、原則は「日本に復帰すれば日本の責任において守るということ」だとし、米国の話を聞いた上で段階的に処理していくとしたが（『朝日新聞』一九七〇年一月一八日）、このような言動は、内外での日本の軍事大国化に対する懸念を裏付けるような効果を持つことになった。

在韓米軍削減の帰結

一方、一九七〇年に入っても北朝鮮がこの年を統一の「決定的時期」だと宣伝していたため、韓国では沖縄返還が韓国の安全に与える影響が引き続き懸念されていた。二月にニクソン・ドクトリンが公式化されて以降、韓国政府は沖縄米軍基地の軍事的な価値やその迅速・効率的な利用を阻む沖縄の地位の変更には反対するという立場を三月に改めて日米両政府に文書で伝え、協議内容についても知らせるよう求めた。これに対し、米国政府は韓国政府の懸念を解消しようと努めた（成田二〇二〇、三〇一～三〇二頁）。

このようななかで在韓米軍削減が計画されたため、韓国側は大きな衝撃を受けた。韓国にとって在韓米軍の存在は、韓米同盟のきずなの強さを知るバロメーターのようなものであり、韓国が攻撃された時に米軍が韓国を守ることを証明するものとみなされていた（我部・豊田二〇二一、一四九頁）。前年の夏の韓米首脳会談の時はニクソンが政府内の在韓米軍削減の提案を拒んだと話していたため（FRUS, 1969–1976, vol. 19, Part 1, Korea, Doc. 35）、なおさらだった。

朴大統領は当初はこれに強硬に反対したが、交渉を重ねるなかで米国側が韓国軍近代化のための十分な軍事・経済援助を提供すると強調したため、五月になると少し立場を軟化させ、米軍削減に見合う韓国軍の強化措置などをとれば、一九七五年末までの削減について柔軟に協議する用意があるとした。しかし、一〇月から米軍の削減が始まることが七月に韓国政府に伝えられると、反対の世論が高まったため、韓国政府は日本政府にもこれを防ぐための協力を求めるようになった（成田二〇二〇、三〇四〜三〇五・三〇九〜三一〇頁）。

このような状況下において、韓国を視察中だった日本の防衛政務次官に、韓国軍指導部が在韓米軍削減問題への協力を求めたことが報道された。これに対し、中曽根長官などが米軍の役割を日本が肩代わりすることはないと述べたものの、日本国内では、日韓の軍事協力が進むことに対する不安も大きくなった（『朝日新聞』一九七〇年七月一四日、『読売新聞』一九七〇年七月一四日）。

その後、日米韓の各政府間で在韓米軍削減をめぐる協議が行われ、夏頃までは韓米の主張は相いれないままだったが、韓国軍近代化と在韓米軍削減の規模については一〇月中に意見が一致した。さらに、韓国の安全を米国だけでなく日本・ソ連・中国によって保障するという、新たな安全保障論を唱える金大中《キムデジュン》が有力な大統領候補として現れたことから、この問題が韓国大統領選挙に影響を与えかねないと判断した韓国政府は、対米姿勢を軟化させた（成田二〇二〇、三一〇～三一二頁）。七〇年末に米国議会が対韓特別軍事援助の一億五〇〇〇万ドルを承認したこともあって韓米交渉は進展し、七一年二月に在韓米軍削減の最終合意を盛り込んだ共同声明が発表され、三月末に約二万人の米軍が削減された（劉仙姫二〇一二、八七～八八頁）。

その後、朴は四月に行われた大統領選挙で金を破り、三選を果たした。ただし、米国側は追加削減をしないと確約はしなかったため、韓国側の不安は消えなかった。

沖縄返還協定の調印

同じ時期、日米間では沖縄返還後の防衛に関する協議とともに、施政権返還の領域、沖縄の施設・区域の使用などをめぐっても協議が行われていた。一九七一年に入り、これらを定めた沖縄返還協定の項目がほぼ固まったことが報道されると、韓国政府は再び日米交渉に関心をみせた。駐日韓国大使館は、二月に基地機能の維持を求める韓国の立場を改めて申し入れるとともに、外務省に交渉の進捗について確認した。これに対し、千葉一夫《ちばかずお》外務省北米課長は、「日本自体の防衛のためにも沖縄の米軍の軍事的プレゼンスは緊要だ」とし、朝鮮半島で緊急事態が起きれば、日本が米国に協力するであろうことを保証した（「JAW-02295、発信：駐日大使、受信：外務部長官」一九七一年二月一七日、『米国・日本間沖縄返還問題、一九七一』〈分類番号七二二・一二ＪＡ／ＵＳ、登録番号四〇一九〉韓国外交史料館）。

その後も韓国側が日米交渉に対する情報収集を続けたため、吉野文六《よしのぶんろく》アメリカ局長は、韓国と台湾の安全保障問題は協定の前文で「沖縄返還が一九六九年の佐藤・ニクソン共同声明の基礎の上に行われる」と言及することで米国側と合意したとし、韓国側の要請に応じて署名以前に協定案を提供することも伝えた。以上のような経過を経て、六月一七日に沖縄返還協定が調印された時、韓国政府は沖縄が日本に返還されても韓国の安全保障に関する限り特別な影響はないと判断した（成田二〇二〇、三二七～三二八頁）。

同年六月に予定された参議院選挙への影響を懸念し、沖縄への自衛隊配備は選挙後の六月二九日に日米間の交換公文（久保・カーティス協定）によって定められた（中島二〇一二、三二三頁）。

一方で、尖閣《せんかく》諸島の周りに豊かな石油と天然ガスが埋蔵されている可能性があることが、一九六九年に学術調査により明らかになって以降、沖縄返還が自国の安全に影響を与えないとみなしていた国府は、その領有権に対して関心を寄せ始めた。一九七〇年八月の段階では、この諸島が中華民国に帰属することを立証する有力な資料がみつからなかったため、国府外交部は島々の主権ではなく「正当な権益」を主張するにとどまっていた。しかし、その後国内外で同島の領土主権を守ることを主張する「保釣《ほちょう》運動」が高まったため、国府は海外の華僑・華人の支持を得ることで中国の支配に対する正統性を保持しようとする立場から、米国に対し、沖縄の統治が終了した後に同島を中華民国に直接返還するよう求めるようになった（朱卫斌・李庆成二〇一五）。

国府は沖縄返還協定の調印直前の六月一一日にも、「琉球問題の最終措置については、カイロ宣言、ポツダム宣言に基づき協議決定すべきだ」という立場を改めて表明し、米国が関係国と協議せずに琉球を一方的に日本に返還することに不満を示した（赤嶺二〇一三、五一～五二頁）。

また、沖縄現地では「県民不在の協定」として不満は強く、五月に沖縄返還協定に反対するゼネストが行われ、その後も返還協定の破棄、自衛隊配備反対を主張する運動が盛り上がることになった。

米中接近の衝撃

一方、中国と北朝鮮は、この時期も日本の軍国主義の復活を批判し続けていた。沖縄返還協定調印の時、『人民日報』は「日米が結託してアジアへの侵略を拡大しようとしている」という批判を繰り返し、沖縄への自衛隊配備については、「日本軍国主義をアジア侵略戦争の第一線に押し出すもの」と危険視した（田桓主編一九九六、一五〜一九頁)。

また、北朝鮮の外務省は、沖縄返還協定を「アジアに対する共同侵略を実現するための日米反動の凶悪な軍事・政治的陰謀」かつ「朝鮮民主主義人民共和国とアジアの社会主義国の安全に対する直接的な脅威」として糾弾する声明を発表した(『労働新聞』一九七一年六月二一日)。

しかし、その翌月、米国のキッシンジャー大統領補佐官が中国を極秘訪問したことが報じられ、世界に大きな衝撃が走った。ベトナム戦争のために苦しくなった状況を変えたかった米国側と、対立していたソ連を牽制するため米国に近づくことを選んだ中国側の思惑が重なり、朝鮮戦争以来長く敵対してきた両者の関係に大きな転換が起きたのだった。

この時開かれた会談では、台湾・朝鮮・沖縄を含む様々な議題が話し合われ、そのなかで周恩来首相は日本の軍事的拡大に対する懸念にも何度も触れた。キッシンジャーはニクソンとともにこのような中国の一貫した「米帝国主義者の扇動による日本軍国主義の復活」という非難に答える必要があると考えていたため、「日本に関しては、貴国の利益と我々の利益はとても似通って」いるとして、ここで米国が日本を中国に向けて使っているのではないとはっきりさせた。そして、在韓・在台湾米軍が撤退した場合に日本が朝鮮半島や台湾に進出する可能性にも触れ、アジアにおける米軍の存在を正当化した(周恩来・

キッシンジャー、毛里・増田監訳二〇〇四、第一部文書一）。中国側もこれらの主張を徐々に受け入れたため、米国側と会談を重ねるにつれ、中国政府は以前のように「日米反動派の結託」を批判しなくなった。

一方、突然の米中接近は、米国と密接な関係にあった日本・韓国・台湾にも大きな衝撃を与えた。中国との接近が事前に日本政府に知らされなかったことが明らかになると、日本では米国との強いつながりを誇ってきた自民党内の親米派への大衆的な信頼が失われただけでなく、沖縄基地が「日中友好の障害になっている」という議論が活発化し、それに伴い米国でも今後の対日政策をめぐる議論が始まった（成田二〇二〇、三三五～三三六頁）。

また、これまで中華民国とともに強固な反共の立場を取ってきた韓国政府は、米中接近が韓国に不利に働くことを深刻に懸念し、同年八月に北朝鮮に対し南北赤十字会談を提案するなど、南北関係の改善を試みるようになった。一方、米中間で朝鮮半島問題が決定されることを恐れ、米国政府に米中会談で朝鮮半島問題を提起しないよう求めた（成田二〇二〇、三四三～三四四頁）。

そして、中国と対立する立場にあった国府は、ニクソン政権の誕生後に米中の接近を知り、これに備えてはいたが、キッシンジャーの劇的な訪中は予測できず、最も深刻な衝撃を受けた。一九七二年二月のニクソン訪中後、米国が国府との国交や同盟関係に変化がな

図5　1972年2月に訪中したニクソン大統領と握手する周恩来首相
（ニクソン大統領図書館提供）

いと強調し、国交を維持したため、台湾社会の混乱は比較的少ないままで済んだが、その後中国との国交を求める国家が増えたため、国府は国際連合から脱退し、国際社会から孤立していくことになった（松田二〇〇六、六四～六五・八一・八六頁）。反共という立場で結束していた韓国政府も一九七〇年代から中国との関係の改善と対共産圏への接近を始め、台湾統治を正当化する必要からこれまでの反共外交政策に固執した国府との関係には徐々に溝が生まれていった（朴正鉉二〇一四、六五頁）。

韓国・台湾条項の変化

それでは、米国と中国の接近という大きな国際情勢の変化のなか、沖縄返還はどのように実現に至ったのだろうか。

まず、沖縄返還の期日などの詳細は、一九七二年一月に米国のサンクレメンテで開かれた日米首脳会談の時に決められた。この会談は、ニクソンがソ連と中国を訪問する前に設定した、六ヵ国の首脳との会談の一環であり、米国が今後も同盟国の安全や利益に関わる問題について、同盟国との協議を重視しながら交渉していくという姿勢を示すことを目的としていた。一方、日本政府にとっては、沖縄返還期日の決定や基地の整理・統合などの具体的な成果を得ることが目標とされていた。

会談では、米中接近を受けて国内で沖縄の米軍基地不要論が高まっていたことなどから、ロジャーズ（William P. Rogers）国務長官との会談の際に、福田赳夫《ふくだたけお》外務大臣が人口が集中する地域の基地を撤去するよう求めた。しかし、ロジャーズは返還協定のやり直しはできないとして、返還後に基地を減らすことを検討する準備ができていると述べるにとどまり、この段階で日本が返還協定の再交渉を望んでいるとみられてはならないと強調した（DOS to Tokyo, #4148, January 9, 1972, [0000099308] 沖縄県公文書館）。基地の縮小については以前から議論されていたが、ニクソン政権は、米国議会は沖縄の米軍基地の維持を前提として沖縄返還協定を承認するのであり、米中接近によっても基地の重要性は当面変わらないとみて、否定的だったのである（野添二〇一六、七七〜七八頁）。

一方で、韓国政府から事前に要請を受けた佐藤首相が、在韓米軍の継続的な駐屯の必要性などについて伝えた時、ニクソンは現時点で追加削減の計画はないとした（成田二〇二〇、三四五～三四六・三四八頁）。

会談後には、沖縄返還の期日が五月一五日となったこととともに、佐藤が一九六九年の共同声明中の韓国・台湾条項について、「当時の解釈を固定的状態として考えるのは不適当」と述べたことも報道された。このため、韓国条項が韓国の安全に対する関与が変わらないことを意味すると捉えていた韓国政府は衝撃を受けた。

その後、日本政府は韓国政府に対し、米国側が在韓米軍の追加削減は考えておらず、韓国・台湾条項は不変であると述べたことなどを数度にわたり詳細に報告した。しかし、韓国政府の不安は解消されなかったとみられる（成田二〇二〇、三四九頁）。韓国政府は既に一九七一年末に国家非常事態宣言を発し、国内の引き締めを図っていたが、沖縄返還後の七二年一〇月には大統領特別宣言を発し、さらに独裁体制を強めていったのである。そして、台湾条項は、沖縄返還後に日本政府が中国との国交正常化に乗り出すなかで、形骸化されることになった（崔慶原二〇一四、一四六～一五〇頁）。

沖縄返還の帰結

沖縄返還の日が近づくと、国府は五月九日に発表した声明で、「琉球諸島に対しては、中華民国が第二次世界大戦の期間主要同盟国に含まれているため、カイロ宣言及びポツダム宣言に掲げられた原則に基づき、共同協議によって処理するべきだと中華民国政府は一貫して主張してきた」(「外交部發表聲明重申絕不放棄釣魚臺主權」一九七二年五月一〇日、『總統事略日記六一・〇五〜六一・〇六』〇〇二―一一〇一〇一―〇〇〇九七―〇〇七、國史館)と改めて立場を示し、米国が未だに協議の手続きに応じず、一方的に日本に沖縄を渡そうとしていることが遺憾だとするとともに、尖閣諸島の領土主権を主張した。韓国でも、返還前後の沖縄の安全保障上の役割や、沖縄に住んでいる朝鮮半島出身者などに関する様々な報道がなされた。

一方、返還の三日後の『人民日報』には、「日本人民は必ず沖縄を完全に取り戻さなければならない」という評論員の記事が掲載された。ここでは、米軍基地を残した沖縄返還を「米国による沖縄占領を合法化したものに過ぎない」と批判するとともに、日米が尖閣諸島を返還区域のなかに含めたことを「中国の領土主権を侵害する重大な行動」だと非難し、無条件全面返還を求める日本人民の闘争への支持が表明された(『人民日報』一九七二年五月一八日)。北朝鮮でも平壌《ピョンヤン》の各紙が沖縄返還の欺瞞性を糾弾し、『労働新聞』は日米安全保障条約の廃棄と沖縄の無条件全面返還を求める日本人民に、朝鮮人民が「固い戦闘的連帯性を示している」と報道した(『労働新聞』一九七二年五月一七日、『朝鮮時報』一九七二年六月三日)。

このように、各国が様々な反応を示すなか、五月一五日に二七年ぶりに沖縄の施政権が日本に返還された。当日は、まず午前一〇時半から沖縄の那覇市民会館と東京の日本武道館で、二つの会場を実況放送で結びつつ、日本政府主催の「沖縄復帰記念式典」が開かれた。東京の式典の式辞では、佐藤首相が、「戦争によって失われた領土を、平和のうちに外交交渉で回復したことは、史上きわめて稀なことであり、これを可能にした日米友好のきずなの強さを痛感する」（南方同胞援護会編一九七二、三一八〜三一九頁）と述べ、式典は「天皇陛下万歳」の三唱で終わった。

一方、午後から同じ那覇市民会館で、沖縄県主催の新沖縄県発足式典が開かれ、午前中

図６　那覇市民会館で開催された新沖縄県発足式典であいさつする屋良知事（那覇市歴史博物館提供）

は欠席していた革新系も含む全議員が出席した。次の知事選挙まで「みなす知事」となった屋良朝苗は、返還を喜びつつも、沖縄戦で命を落とした人々に対する痛惜の念を示し、その遺志を決して無にすることなく、沖縄県の再建と世界恒久平和の達成のために一段と努力することを誓うと述べた。そして、復帰の内容は沖縄県民のこれまでの要望と心情を必ずしも反映していないとしつつ、「人間尊重の理念に新生沖縄県建設の根拠を求めよう」と訴えた（櫻井一九九九、三〇九頁）。

同じ時間、那覇市民会館のすぐ隣の与儀《よぎ》公園では、日本復帰運動を推進してきた復帰協が「自衛隊反対、軍用地契約拒否、基地撤去、安保廃棄、『沖縄処分』抗議、佐藤内閣打倒五・一五県民総決起大会」を開いていた。土砂降りの雨にもかかわらず約一万人が集まり、大会後にはデモを行った。沖縄返還／復帰の日には、沖縄返還の第一義的な目的を「失われた領土の回復」として周辺地域の安全保障の維持に重点を置いてきた日本政府と、実際に復帰に直面することになった沖縄の人々との間の断絶を示すような光景が展開されていたのである。なぜこのようなことになったのだろうか。次に、沖縄の人々の視点から、沖縄が日本に返還されるまでの経緯を振り返ってみることにしよう。

戦争の記憶と「復帰」運動

敗戦と占領

「捨て石」とされた沖縄

先に述べたように、沖縄と同様に明治期以降に日本の領土として組み入れられた台湾と朝鮮半島の多くの人々にとって、日本の敗戦は「植民地支配からの解放」と捉えられた。しかし、沖縄で地上戦を経験した沖縄の人々にとって、「戦後」は米軍の捕虜となり、収容所に入れられた時から始まった。捕虜になるまでの間、多くの人々が肉親や友人・知人を失い、地上戦の悲惨さ、恐ろしさを知った。また、移民、あるいは兵士として、沖縄以外の地で戦争に巻き込まれ、戦後に焦土と化した故郷に戻ってきた人々もいた。戦後の沖縄の人々の活動は、この戦争体験と切り離して考えることはできない。本章では、筆者自身が直接お話をうかがった方も含め、復帰運動のなかで中心的な役割を果たした人々の戦争体験について触れた後、その記憶が復帰運動

図７　収容所で米の配給時に長蛇の列をつくっている住民（那覇市歴史博物館提供）

沖縄本島には12ヵ所の民間人収容所がつくられ，住民は1945年の10月以降，徐々に故郷への帰還を許された．

にいかに結びついていったのかについてみていくこととする。

沖縄戦は、一九四一年一二月に始まったアジア・太平洋戦争の末期に起きた。しかし、沖縄の軍事化・基地化は、日本の存立のために絶対に守らねばならない「絶対国防圏」を、四三年九月に大本営が設定したことをきっかけに始まった。その後、国防圏の一角とされたサイパン島などが米軍に次々と攻略されたため、大本営は最重要とみなした日本本土の防衛の一環として、四四年の夏にかけて沖縄に第三二軍を配備した。

一方、米軍がフィリピンでの作戦と関連し、日本軍の援護を断ち切ることを目的に、同年一〇月に南西諸島を奇襲攻撃（一〇・一〇空襲）したため、那覇《なは》市が壊滅するなど、住民にも大きな被害が出た。米軍は同じ時期から沖縄を攻略するための作戦計画を練り始めた。

そして、米軍は一九四五年三月二三日に南西諸島全域を空襲したのに続き、二六日以降は那覇市の西の海上にある慶良間《けらま》諸島に上陸し占領した。四月一日には沖縄本島西海岸に上陸し、南北に分かれて侵攻を続け、主力部隊が置かれていなかった北部を担当した部隊は同月一三日に最北端の辺戸《へど》岬に到達した。

一方、日本軍は第三二軍司令部がある首里《しゅり》の正面に主な陣地を築き、そこで決戦を展開するという持久戦を計画していた。このため、中南部では日米両軍の主力が激しい攻防戦を繰り広げたが、第一防衛線とされた嘉数《かかず》高地は徐々に米軍に制圧され、五月四日に予定された日本軍の総攻撃も失敗に終わり、圧倒的な兵力を有する米軍は次第に首里に迫った。首里の陥落が時間の問題となった五月二二日、司令部は持久戦の一環として南部に撤退すると決めた。

しかし、日本軍はこの際にすべての住民を非戦闘地域に撤退させようとはせず、南部では軍人と民間人が混在する状況となった。このために、極限状態のなかでの食糧強奪や壕からの追い出し、スパイ視した住民の虐殺など、沖縄戦の期間を通して住民に対する日本軍の加害も多く行われた。六月二三日に牛島満《うしじまみつる》司令官の自決によって日本軍の組織的な抵抗は終わったが、牛島が自決の前に「最後まで敢闘し悠久の大義に生くべし」と命じたため、抵抗した残存部隊もあり、その間にも住民が犠牲となった（吉浜・林・吉川編二〇一九）。

このように、沖縄の犠牲を顧みない捨て石作戦によって亡くなった住民は九万人を超えており、現在に至るまで、その記憶は沖縄の人々に深い傷となって残っている。

それぞれの沖縄戦

先に米軍の捕虜になった時点から戦後が始まったと述べたように、沖縄戦の時期に沖縄にいても、その体験は人によって異なっていた。

一九六二年に、復帰運動の母体となった沖縄県祖国復帰協議会（復帰協）の会長となった喜屋武真栄《きゃんしんえい》は、沖縄戦の前は沖縄県庁の教学課で体育指導員として務めていた。彼は戦争が始まる直前に陸軍の球部隊《たまぶたい》に応召され、その後島田叡《しまだあきら》知事のもとで学徒隊の総元締めとしての役割を担い、戦争中は避難民の安全の管理、食糧の確保・配給などを受け持つ後方指導班の班長となった。そこで凄惨な戦場を目の当たりにするなか、戦争が始まってから捕虜になるまで、毎日遺書がわりの日記を書き続けたという（喜屋武一九七八、九三頁）。戦後、喜屋武は「復帰の父」と呼ばれる屋良朝苗《やらちょうびょう》とともに、二人三脚で日本復帰のために力を尽くすことになる。

沖縄本島北部の伊豆味《いずみ》出身の上原康助《うえはらこうすけ》は、国民学校五年生だった一九四四年頃から学校が日本軍の兵舎となり、授業はほとんどないまま飛行場づくりや陣地の構築、食糧生産などに駆り出されていた。一月末頃に日本軍が中南部に移動したが、米軍が慶良間諸島に上陸した三月末以降、上原は米軍による砲撃のなか、着の身着のままで家族とともに避難を重ねた（上原二〇〇一、四二〜四六頁）。復帰後はやむを得ず米軍の職場に就職したが、劣悪な労働環境に置かれ、米軍による差別も経験しながら、一九六三年には基地労働者からなる全沖縄軍労働組合（以下、全軍労）を結成し、委員長となった。全軍労は、復帰前には基地のなかから反戦を訴え、他の沖縄の労働組合とも連帯し、復帰運動の大きな力となった。

戦後は嘉手納《かでな》基地の門前町となった越来《ごえく》村（現沖縄市）出身の中根章《なかねあきら》も、上原と同様に国民小学校五年生の時期から学校が日本軍の宿舎となり、中《なか》飛行場（現嘉手納基地）の道路や滑走路づくりに駆り出された。米軍が上陸した後は、家族とともに砲撃のなかを避難し、ブート岳の近くで米軍に投降した。中根は一九五〇年代後半以降、初期の復帰運動の中心となった沖縄青年連合会の常任理事や原水爆禁止沖縄県協議会（以下、原水協）の初代事務局長を務め、その後はコザ市会議員を経て県会議員となり、やはり反戦・平和運動に力を注いだ（徳田二〇一三）。

戦後に人民党の委員長となった瀬長亀次郎《せながかめじろう》は、一九三八年から中国戦線での兵役を経た後、四四年に沖縄に戻り、家族とともに北部に避難し、そこで栄養失調などのために米軍の野戦病院に収容された（瀬長一九九一、五三〜五四頁）。瀬長もやはり、米軍から時には弾圧されつつも復帰運動の第一線に立ち、一九七〇年からは衆議院議員となって沖縄の基地問題を訴え続けた。

「外地」における戦争体験

また、沖縄の出身であっても、植民地だった台湾や朝鮮半島で終戦を迎えた人や、兵士として戦地で終戦を迎えた人、委任統治領だった旧南洋群島（現ミクロネシア）で同じく地上戦に巻き込まれ、九死に一生を得た人もいた。

特に、経済的に苦しくなった沖縄の人々が多く移民していた旧南洋群島は、アジア・太平洋戦争の主要な戦場となった。このため、民間人が多数暮らしていたサイパン・テニアンでは、米軍の上陸に伴って、追い詰められた日本軍による住民の虐殺や、「強制集団死」といった、沖縄戦と同様の悲劇が起きることになった（森二〇一六、四〜五頁）。米軍統治下の中部地域で様々な社会運動に携わり、復帰後も反戦・平和運動をリードしてきた有銘政夫《ありめまさお》もその一人である。有銘はサイパン戦に巻き込まれて戦火のなかを逃げ惑い、戦争により父と弟を失うという経験をし、「否戦《ひせん》」の精神を生涯持ち続けた。

復帰運動の先頭に立ち、初の公選主席・復帰後の初代沖縄県知事となった屋良朝苗は、第二次世界大戦前は台湾の師範学校で、本科の最上級の主任を務めていた。戦争末期には兵長として召集され、台湾の山中で敵の上陸に備える生活をしていたが、沖縄の日本守備隊が全滅したという報道を聞いて帰る場所はないと悲観し、日本に引き揚げることも考えていた。その後、一九四六年の春に兄から手紙が届き、同年一二月に沖縄に戻ったが、沖縄師範学校女子部からひめゆり部隊に参加した娘をはじめ、親族や友人も多くが戦争のために亡くなったことを知った。しかし、「全く虚無虚脱の状態」ともいうべき人々のあり様を目にし、「こんな非常事態にこそ、まず教育者が立ち上がり、県民に将来の方向を示すべきだ」と考え、次第に「祖国復帰」に解決の道を求めるようになった（日本経済新聞社編一九七一、一九六〜二〇〇頁）。

一九五〇年代に沖縄の青年組織の中心的な存在となり、一九六六年から七五年にかけては復帰協事務局長として復帰運動を支えた仲宗根《なかそね》悟《さとる》も、軍人として台湾で終戦を迎えた。仲宗根は、一七歳で海軍に「強制志願」させられ、一九四四年の五月に佐世保《させぼ》の第三回兵団針尾《はりお》海兵団で基本訓練を終え、その後鹿児島、フィリピン、朝鮮、中国などを転々とした後、最後は台湾の高雄《たかお》で終戦を迎えた。沖縄へはなかなか帰ることができず、帰郷したのは一九四六年一一月となったが、母は栄養失調で亡くなっており、残っていた家も後で米軍によりブルドーザーで破壊されたため、兄の家に五、六家族が身を寄せていた。そのようななか、仲宗根は正月に自宅近くのコザ十字路から東海岸を回って南風原《はえばる》まで歩き、糸満《いとまん》で二泊し、那覇を通って歩くというルートで、戦争で破壊され米軍に占領された沖縄各地を三泊四日で見て回り、それが戦後闘争の原点となったという（筆者による仲宗根悟氏・有銘政夫氏のインタビュー、二〇一一年四月二五日）。

ここで書くことができたのは、ごく一部の人々の経験だが、戦後の沖縄は、このような様々な戦争体験を持つ人々によって形づくられていったのである。

それでは、沖縄戦を経た沖縄は、どのような状況にあったのだろうか。

日本復帰論の始動

米軍の上陸後、沖縄群島は米国の軍政のもとに置かれたが、一九四五年八月に一五名の住民を委員とした沖縄諮詢会《しじゅんかい》が発足し、翌年四月に沖縄民政府が創設された。しかし、米軍政府と沖縄民政府との関係は、猫（米軍）とねずみ（沖縄住民）に例えられるように、米軍が圧倒的に大きな力を持っていた。また、戦争を経た住民たちは、「大勢としては、敗戦による虚脱、混迷の状況のなかで、民族の将来を展望した意思表示や要求など、行えるようなゆとりも動きもなかった」（沖縄県祖国復帰闘争史編纂委員会編一九八二、六頁）とされる。

　このようななか、沖縄戦を経て生き残った少数の青年層や、他の地域で戦争を体験し帰郷した青年たちにより、各地で青年団が再興された。先に述べた仲宗根もその一人であり、居住地が近かった有銘らも、そのような先輩の姿を見ながら成長したという（筆者による仲宗根悟氏・有銘政夫氏のインタビュー、二〇一一年四月二五日）。青年団は地域の治安を守るために自警団を結成したほか、戦争で荒れた土地の耕作や食料生産、住宅の再建を行うなど、沖縄の復興のために重要な役割を果たすようになった。住民の居住地が基地と隣り合う場所も多かった沖縄本島中部地域では、米兵による暴行事件などがあとを絶たず、青年たちは夜警活動などを行うなかで結束を強めていった（成田二〇二〇、三八〜四〇頁）。当初は字《あざ》ごとに結成された青年会は、次第に市町村組織へと発展し、一九四八年一二月に全島組織である沖縄青年連合会（以下、沖青連）となった。沖青連は後に屋良朝苗が率いる沖縄教職員会（以下、教職員会）とともに、復帰運動の中心的な存在となっていく。

　ただし、戦争直後の沖縄では米軍を日本からの解放軍とみるような雰囲気もあり、初期に結成された政党も、沖縄民主同盟と人民党は独立論に近く、沖縄社会党は米国帰属を唱えるというように、日本復帰は掲げていなかった。しかし、中国大陸で一九四六年以降に国共内戦が再発し、米国が支持する国民党側が劣勢となったことなどから、沖縄もその影響を受けていく。その後、米国政府が沖縄の基地開発計画を定め、一九五〇年春から本格的な基地開発を始めると、沖縄でも日本復帰論が力を持つようになったのである。

また、一九五〇年一月にアチソン米国務長官が国際連合の信託を受けて米国が統治（信託統治）を行うと明らかにしたため、日本で沖縄復帰論を唱えていた沖縄出身者も危機感を強め、沖縄現地の復帰論者に働きかけを行うようになった。

そして、同年九月の沖縄群島知事選挙で日本復帰論者の平良辰雄《たいらたつお》が当選し、その支持勢力が復帰を主張する沖縄社会大衆党（以下、社大党）を一〇月に結成した。その後、人民党が社大党と同じく日本復帰を主張し、平良の対立候補だった松岡政保《まつおかせいほ》の支持者を中心とする琉球共和党が沖縄独立、沖縄社会党が米国による信託統治を主張するというように、日本帰属をめぐって政党の構図も変化した。日本復帰論が優勢となるなか、沖青連も日本復帰を主張する人民党や社大党の活動に積極的に関わっていった（成田二〇二〇、四〇～四二頁）。

復帰署名運動

その後、国務省が一九五〇年一一月に、琉球・小笠原《おがさわら》諸島を国際連合の信託統治下に置くことを含めた「対日講和七原則」を公表すると、沖縄の帰属論議はさらに活発化した。同年末から翌年一月にかけ、社大党と人民党による「日本復帰促進期成会」や、沖青連を主体とした「日本復帰促進青年同志会」も結成され、三月の沖縄群島議会では「日本復帰要請」が圧倒的多数で決議された。五月からは沖青連が中心となって、祖国復帰に対する全県民の見解をまとめることを目的とし、満二〇歳以上の男女二七万六〇〇〇人余りに対して各市町ごとに世論調査を行った。この結果、祖国復帰八四・七％、信託統治八・二八％、独立二・八八％、不明四・七七％と、復帰を望む声が圧倒的に多いことが示された（新垣編一九六一、三九五〜三九六頁）。

これを受け、五月から日本復帰促進期成会と青年同志会を中心とした日本復帰署名運動が行われ、八月二〇日までの三ヵ月の間に、沖縄本島は全有権者の七二・一％に達する一九万九〇〇〇名余り、宮古《みやこ》・八重山《やえやま》群島でも、それぞれ有権者の八八・五％、八一・八五％の署名が集まった（沖縄県祖国復帰闘争史編纂委員会編一九八二、四七頁）。これらの署名は、復帰を求める嘆願書とともに、サンフランシスコ講和会議に臨む吉田茂《よしだしげる》首相と、米国のダレス特使に送られた。ダレス特使宛の嘆願書では、「琉球は民族、歴史、経済、文化及び地理的条件から当然日本の一部であり、住民の卒直《（ママ）》な気持も琉球は日本に復帰すべきである」（沖縄県祖国復帰闘争史編纂委員会編一九八二、四七〜四八頁）という部分が強調された。

また、沖縄を分離しないようたびたび米国側に「懇願」していた日本在住の沖縄人のグループも、一九五一年に米国と連合国代表宛に、「沖縄・小笠原は、日本のどん慾あるいは武力により併合されたのではなく、固有の日本領土であり、人種的にも、歴史的にも日本本土から放つことができない日本の一部」だとして、沖縄の地位を定めた対日平和条約米国案の第三条を削除するよう申し入れた（沖縄県祖国復帰闘争史編纂委員会編一九八二、九〜一〇頁）。ただし、ここでは人種・歴史的同一性が強調されたが、終戦前まで沖縄住民が持っていた日本国政参加権など、本土の同胞と平等に共有していたすべての権利を失うことが「人道上耐え難いものであり、人類すべての者のために人権及び基本的自由、人民自決の原則を尊重すると宣言された連合国精神とも背馳する」と訴えている陳情書もある（沖縄県祖国復帰闘争史編纂委員会編一九八二、八〜九頁）。人種・歴史的同一性が強調された背景には、沖縄の同胞が日本本土と比べて実質的な生活面で不平等な状況に置かれることへのおそれがあったと考えられる。

このように、国際状況の変化を受けて、米国が沖縄を日本から分離して統治するという方針が明らかになるなか、沖縄では復帰論が徐々に高まったが、一九五二年四月二八日に発効したサンフランシスコ平和条約第三条により、沖縄はその後も二〇年にわたって米軍の統治下に置かれ続けることになった。

朝鮮戦争の勃発と基地の拡大・強化

朝鮮戦争に対する沖縄住民の認識

前節では沖縄戦を経て米国の軍政下で復帰論が高まるまでの流れを確認したが、沖縄の帰属論議が行われていた一九五一年から五二年にかけての時期、朝鮮半島では戦争が起きており、これは沖縄にも影響を与えていた。しかし、朝鮮戦争はその後に起きるベトナム戦争と比べ、沖縄では十分な関心が寄せられていないとされる（若林二〇二〇、二三三頁）。

例えば、復帰協が編纂した『沖縄県祖国復帰闘争史』や関係者の回顧録などでも、朝鮮戦争に触れた文章はほとんどない。むしろ、一九五一年五月に作成された日本復帰促進期成会の趣意書で「我々は、全面講和や基地提供反対等の主張をせず此の運動を単に琉球の帰属問題に局限する」（沖縄県祖国復帰闘争史編纂委員会編一九八二、二二三頁）という記述があるように、意図的に基地については言及していないようにみられる。

それでは、沖縄の人々は本当に朝鮮戦争に無関心だったのだろうか。本節では、この点について検討した後、朝鮮戦争前後の沖縄の状況の変化について確認する。

まず、朝鮮戦争と同時期の地元紙を調べると、連日のように朝鮮の戦況が一面で大きく取り上げられていることがわかる。例えば、戦争が始まって一週間もたたない一九五〇年七月一日には、「冷静に対処せよ」という社説が掲げられている（『沖縄タイムス』一九五〇年七月一日）。ここでは、沖縄の状況を「北鮮の南鮮侵略戦に対し米国は南鮮に実力援助を発動し、沖縄基地からも飛行機が発進していることや、本島内に灯火管制が実施されたことが痛く人心を刺激して巷《ちまた》には相変わらずまことしやかな流言が乱れ飛んでいるようである」と捉えている。そして、「沖縄戦でひどい目にあった悪夢的体験、疎開先で嘗《な》めた戦争苦の思い出がよみがえって戦争に対する神経は銀の針先の如く尖がって一寸した報道にもピリッと鋭い感度を示す」のは致し方ないとしつつも、「徒《いたずら》に恐怖不安にかられるとデマに乗ってしまう」として、冷静な態度で事態を見守ることが賢明だと主張している。

また、翌五一年一月に米軍関係者が作成した文書にも、朝鮮戦争中の沖縄住民の反応が記録されている。ここでは、当時沖縄住民は第三次世界大戦が不可避なのではないかと不安にかられており、少数の共産主義者とその支持者を除き、大部分の沖縄の人々は、世界から共産主義を消滅させようとしている米国に協力しようとしていたとされている。このなかには数人の著名人も含まれており、うるま新報の池宮城《いけみやぐしく》秀意《しゅうい》は米軍に対し否定的な見方を示したために親共産主義・反米的だとされたが、沖縄タイムスの上地《うえち》一史《かずふみ》と翁長《おなが》助静《じょせい》真和志《まわし》村長は、最悪の事態や食糧不足に備えて軍当局と協力する姿勢をみせたとされる。その他にも幾人かの実名、匿名の人々の意見が記されているが、沖縄で戦争が起きることはないと考えていたのは一人だけであり、多くの人々は何らかの不安を抱えていたと考えられる（Summary of Information from 526th CIC Detachment, Ryukyus Command, APO 331 to G-2 CINCFE, Subject: Public Reaction to International Situation, January 19, 1951, "(00014-001) 312, Correspondence, RYCOM.," [0000105469] 沖縄県公文書館）。

灯火管制と戦争の記憶

そのようななか、米軍が沖縄（と日本本土）で行った灯火管制は、住民が米軍の防空体制に組み込まれていることを実感する要因となったと考えられる（大内二〇二二）。灯火管制は、夜に敵の空襲などに備えて明かりを消したりさえぎったりすることを指し、第二次世界大戦中にもたびたび行われていた。

朝鮮戦争が始まると、軍の命令によって沖縄民政府が実施計画を立て、各首長の責任のもと、七月から住民地域で灯火管制が行われた。初の灯火管制の実施後にも、『沖縄タイムス』は「灯管伝達の完備」という社説を掲げている。ここでは、同紙への投書を引き合いに出しつつ、戦時中の経験が反芻《はんすう》されている。

初の灯管訓練が発令され、警鐘が鳴り響いて、真っ暗闇の部屋に息をひそめた瞬時のわれわれは嘗《か》つてのにがい想い出を蘇らせたことだ。（中略）若し実敵警報が発せられ、続いて実敵の爆音が聞えた場合一体われわれは如何に対応したらよいか、「その時こそわれわれは徒らな犠牲から尊い生命を護るため最善の処置をとりたい」という投書者の切なる訴えは沖縄全住民が等しく抱いているき憂であろう。（中略）万一そんな事態が予想される時は、当然、実敵来襲に処する指示がある筈で、今は飽く迄平常の状態とみて、南北朝鮮の戦争が不拡大のままよき平和が訪れることを悲願する外はわれわれとしては処すべき途がない。（『沖縄タイムス』一九五〇年七月八日）

さらに、七月一五日には、「事実の理解」と題した社説で、「日本の防衛の責任は結局アメリカがとらなければならない」ことが冷厳な事実だとされている。

沖縄では相変わらずいろいろの噂が流布されて不安に襲われている向もあるようであるが、実際のところ吾々がいくらじたばたしてもどうなるものではない。といって戦争が直に沖縄に波及し、五年前の悪夢が再現されるような事態が生ずると考えるのは余りに神経過敏すぎる。米軍が敗北でもすれば別であるが、吾々の常識は米軍の敗北

を予想するはずがないではないか。（『沖縄タイムス』一九五〇年七月一五日）

以上のように、少なくとも当時の新聞記事からは、沖縄戦の経験からくる過度な不安を抑えつつ、現地で戦い、沖縄を占領統治している米軍を信じるしかないというような姿勢がみえる。翌年一月にはUSCAR（琉球列島米国民政府）が防空心得を通達し、各市町村での警防団の設置が定められた（沖縄市秘書広報課二〇〇三）。同年五月一六日には、USCARは沖縄群島政府に対し、空襲警報が発令された時に車両を止めて防空壕に避難することも指示し、七月には演習を通して徹底化しようとした（大内二〇二二、三八頁）。一部では、第二次世界大戦中に日本軍に灯火管制を強いられても、結局米軍の空襲によって大きな犠牲を被ったという苦い経験をもとに、これを意味のない対策だとみなし、戦争そのものを拒否する姿勢を示そうとした例もあったという（筆者による有銘政夫氏に対する聞き取り、二〇一三年六月二五日）。しかし、この時期は多くの人々は米軍に従わざるを得ない状況だったと思われる。

沖縄諸島祖国復帰期成会の結成

朝鮮戦争が続くなか、サンフランシスコ平和条約発効後の沖縄では、一九五三年一月に「沖縄諸島祖国復帰期成会」（以下、復帰期成会）が結成され、「旧沖縄県の祖国への即時完全復帰の実現」を目標に活動を始めた（沖縄県祖国復帰闘争史編纂委員会編一九八二、二四〜二七頁）。この会は、復帰運動を超党派の民族運動にするため、政党を除いた教職員会・沖縄市町村長協議会・沖青連などの六団体から構成されており、当時教職員会会長を務めていた屋良朝苗が会長となった。

少し時間をさかのぼると、屋良は台湾から沖縄に戻った後、田井等《たいら》高校の理科教員、知念《ちねん》高校の校長を経て、一九五〇年に群島政府文教部長に就任した。五一年九月のサンフランシスコ平和条約調印の時点で、沖縄が日本に潜在主権を残しつつも引き続き米軍の統治下に置かれることが決定していたが、屋良はこの時に「祖国復帰の余地は残されている」と心ひそかに期していた（日本経済新聞社編一九七一、二〇〇～二一八頁）。そして、翌五二年一月に開かれた第三回全島校長会で、屋良は以下のように挨拶し、教育者が不退転の決意と信念を持つよう強く求めた。

沖縄の主権は日本にあり、やがて国際情勢が安定すれば、祖国復帰できるというのであるから、沖縄の教育も当然、復帰を前提として考えなければならない。したがって教育の基本的理念は、おのずから決定している。すなわち近い将来同一行政下に戻る祖国本土と軌を一にする教育こそ、われわれの道である（日本経済新聞社編一九七一、二一八～二一九頁）。

その後、二日目の会議において「復帰要求の決議」が満場一致で行われ、平和条約の発効前に行くべき道を示すことが教育者の義務であると認識された。しかし、屋良は五二年四月の琉球政府発足に伴って文教部長を解任され、同月発足した教職員会会長に就任することになった（日本経済新聞社編一九七一、二一九〜二二〇頁）。五二年末になると、屋良は戦災によって破壊された校舎の復興のため、教職員会を中心とした「戦災校舎復興促進期成会」も結成し、会長となった。そして、前述のように、翌年一月には復帰期成会の会長も兼ね、沖縄の戦災校舎復興を日本政府と国会に訴え、募金を呼びかける全国行脚《あんぎゃ》を開始してゆく。

また、沖青連は、五三年四月二日に、日本本土の団体である日本青年団協議会（以下、日青協）に加盟を求めるメッセージを送った。これを受け、日青協理事会は全会一致で沖青連の日青協加盟を認めた。このことは、日青協が沖縄の祖国復帰運動との交流・連帯運動を行う始まりとなっただけでなく、沖縄の団体が日本本土の団体に協力を求めた初の例ともなった（小林一九九二、八九頁）。教職員会には、沖青連の会員である若い教員も多く加わっており、以降も彼らが両組織の結節点となって、沖縄では日本復帰運動を含む様々な社会運動が展開されてゆくことになる（櫻澤二〇一五、四四〜四五頁）。

奄美返還と復帰期成会の消滅

しかし、一九五三年七月の朝鮮戦争の停戦を機に、翌月ダレスが奄美《あまみ》群島を日本に返すと宣言した時点で、沖縄群島の復帰は容易でないと考えられるようになった。ダレスが声明において、極東に国際的な緊張がある間は、沖縄を米国が継続的に統治する必要があると明らかにしたためだった（『朝日新聞』一九五三年八月九日）。同時期、中華民国では沖縄の帰属問題に対する関心が高まるが、沖縄では復帰がより厳しくなったと捉えられたのである。

このような状況において、復帰期成会は復帰運動をより幅広いものにするために、最初の六団体に加えて民主・社大・人民の三政党なども含む二三団体で一一月に再発足した（櫻澤二〇一五、四四頁）。また、奄美群島の返還が実現する直前の一二月二三日には、立法院議長・沖青連会長・教職員会会長など二五団体の代表者が、連名で吉田首相に沖縄諸島の早期復帰実現を進めるよう申し入れた。そのなかでは、米国が共産主義を防ぐ上でも、世界政策の上でも、極東の重要な沖縄の基地を保有したいという要求は充分に理解でき、沖縄住民は「喜んでこの政策に協力こそすれ、決して反対はしなかったし、将来もしない」だろうと基地の存在を認める姿勢が示され、「祖国復帰運動が民族的欲求」であることが強調された（沖縄県祖国復帰闘争史編纂委員会編一九八二、二九〜三〇頁）。

復帰の意思が示されたにもかかわらず、翌五四年一月にアイゼンハワー大統領が一般教書で沖縄基地の無期限保有を宣言すると、住民の間には動揺が広がった。さらに、一般教書を受けたオグデン（David A. D. Ogden）民政副長官は、同月「この様な運動を継続する事は、誤解を招き、行政を困難にし、遂には、全住民を窮地に立たしめることになる」（沖縄県祖国復帰闘争史編纂委員会編一九八二、三〇〜三一頁）とする声明を発表し、復帰運動をやめるよう呼びかけた。

これに対し、屋良は翌月にオグデンに対して送った書簡で、米国が沖縄で基地を維持することには「理念的にも経済的にも、反対する立場にはない」ことを示した。そして、「反米主義者がこの運動を反米的な目的に利用しないように万全の注意を」払い、「あくまで米国政府の善意と理解を基礎として米国民政府の諸種の施策には十分協力しつゝ推進する」（沖縄県祖国復帰闘争史編纂委員会編一九八二、三五〜三六頁）として、復帰運動への理解を求めた。それでも、ＵＳＣＡＲは復帰運動が共産主義者の利益になるとして、改めて復帰運動に協力しない姿勢を示した。

その後、琉球政府や親米与党の琉球民主党もＵＳＣＡＲに同調して復帰運動を抑える側に回るようになったが、同年三月に「日本復帰か復興か」を争点として行われた立法院選挙では復帰を主張する野党連合が過半数を占め、民主党は主導権を失った。危機感を強めたＵＳＣＡＲは、これまで敵視していた人民党だけでなく、社大党や教職員会をも攻撃の対象とするようになり、五月に教職員会に対し、「屋良が会長に就いている限り、いかなる陳情にも関心を払わない」と発表した。このために、屋良は五月末に教職員会と復帰期成会の両会長をやめると表明し、復帰期成会は活動停止に追い込まれた（鳥山二〇一三、二一三〜二一九頁）。

「暗黒時代」の沖縄

この時期は、先述のように、琉球革命同志会の蔡璋《さいしょう》がAPACL（アジア民族反共連盟）の支部の結成をめざして沖縄に渡航した時期と重なっている。しかし、沖縄にとっては「暗黒時代」と呼ばれるほど大変な時期だった。

特に問題となったのは、USCARが一九五三年四月に「土地収用令」を公布し、強権的な軍用地の収用を始めたことだった。この布令では住民は土地収用を拒めず、USCAR民政副長官に接収された土地の補償額について訴えるしかなかったためである。

その後、一九五三年中に収用令に基づいて真和志村（現那覇市）の安謝《あじゃ》・銘苅《めかる》、天久《あめく》、小禄《おろく》村具志《ぐし》の土地が住民の反対をよそに強制的に収用されていくと、人民党はこれに真っ向から反対し、米軍基地関係の労働現場でも争議を指導・支援するなどして、労働者を中心に支持を広げていった。米軍は人民党の人気が高まることを恐れ、同党を共産主義政党と名指しし、一九五四年には退去命令が出ていた「琉球」籍を剥奪された奄美出身の活動家を匿ったという容疑で、党書記長の瀬長亀次郎ら幹部三〇名余りを検挙した（前田・古

波藏・秋山編二〇二二、一五七〜一五九頁)。

また、USCARは一九五四年三月に「軍用地料一括払いの方針」を発表し、基地の安定的な運用を図るために実質的な土地の買い上げを行おうとした。これに対しては、翌四月に立法院が「土地を守る四原則」(一括払い反対・適正補償要求・損害賠償請求・新規接収反対)を打ち出したのに続き、行政府・立法院などからなる四者協議会が米国側と交渉を行った。しかし、五五年三月には、伊江《いえ》島真謝《まじや》の土地がまさに「銃剣とブルドーザー」によって極めて暴力的に接収されたため、五月には那覇で第一回軍用地問題解決促進住民大会が開かれ、四原則貫徹の県民運動を展開することが決議された。住民の総意を受けた四者協議会の代表団は、次は渡米して米国側と折衝を行った(新垣編一九六一、三〇五〜三一〇頁)。

沖青連もまた、軍用地問題を組織として解決するための運動を展開することを一九五五年四月の総会で決定し、支援活動を始めた。七月に強制収用が行われた宜野湾《ぎのわん》市伊佐浜《いさはま》には多くの青年団員が駆けつけ、何もできないまま現場を見守るしかなかったものの、その場に居合わせた日青協の寒河江《さがえ》善秋《ぜんしゅう》会長が憤り、全国理事会を開いたことから、日青協は沖縄問題に真剣に取り組むようになっていった(仲宗根・中根・東ほか証言二〇〇七年、二三八頁)。また、土地と家を奪われた伊江島の農民たちは、沖縄本島を縦断する「乞食行進」を行って窮状を訴えるようになった。このようななか、九月には第二回軍用地問題解決促進住民大会が開かれ、「四原則」貫徹の世論が高まった（平良二〇一二、一一七頁）。

この年は、日青協の全国集会に沖縄の青年団員が初めて派遣された年でもあった。彼らは九州の三井炭鉱で当時流行していた「うたごえ運動」を知り、沖縄でも広めることになった（櫻澤二〇一二、八六頁）。その一つとして、君が代のメロディーで「任命主席の代は千代に闇夜の思い　一切の　田畑《でんばた》を奪い　民が　皆死すまで」と当時の状況を揶揄した「植民地国歌」もあった（筆者による中根章氏に対する聞き取り、二〇一一年九月一〇日）。

島ぐるみ闘争

米軍支配に対する反発が強まるなか、一九五五年一〇月にプライス（Melvin Price）議員を団長とする調査団が三日間にわたって沖縄を訪問した。しかし、調査団が五六年六月に発表した報告書（プライス勧告）は、住民の期待に反し、在沖米軍の方針を基本的に認める内容となっていた。これを受け、沖縄では同月に「島ぐるみ闘争」と呼ばれる大きな住民闘争が起きた。立法院の全議員と行政府の副主席以下局長全員が辞表を出したのに次ぎ、六月二〇日に各市町村（合わせて約二〇万人）、五日後に各種民間団体からなる軍用地問題解決促進協議会の主催による住民大会（合わせて約一五万人）が開かれたのである。当時、青年団の団員だった有銘政夫は、後輩とともに宣伝カーで那覇から糸満にかけて大会への参加を呼びかけて回り、その時の状況を以下の

図８　四原則貫徹住民大会（沖縄タイムス社提供）
15万人が会場を埋めつくしたといわれる．

ように語っている。

（米軍兵舎の建設のために）屋根に上がってる人たちがね、僕らの宣伝カーが来るとね、三拍子でみんな、トタン屋根叩いてさ、応援してるんだよ。一斉に、片っぽから始まってずーっとその沿道。で、僕らはそれ激励でしょ。こっちも大声出して。「今日は与儀《よぎ》公園で大会があるから、仕事が終わったら駆けつけてくださいい」って、ずーっと。すると、糸満のとこに入ると、みんな門まで出てきてね。拍手で送ってくれるんだよ。歓迎してくれるんだよ。

ですーっと行って、今度は首里に行ったら、道狭いんだよ、首里の道はね。二台車がぶつかると、どっか片っぽ片付かないと通れん、小さい道がたくさんあるわけよ。宣伝カーだから、できるだけたくさん回ろうと思ってるから。そうすると、交番のお巡りさんが出てきてさ、こっち優先（笑）。あの感激は、あれだね。やっぱりあの頃は、みんな同じ気持ちだからね。「ご苦労さん」と言ってね。ちゃんとお巡りさんがこっち優先で、激励されて、とにかく、あの一日ずうっと二人で回ったけどね。いやあ、あの盛り上がりというのはすごかったよ（成田二〇一四、四七～四八頁）。

このような盛り上がりのなか、六月二七日に超党派の代表団が本土に派遣され、日本政府と国民に協力を訴えた。これに対し、日本政府もこの問題を国家的な問題として取り扱う決意を示し、日本各地でも日本政府の強力な対米折衝を求める声が高まった。

その後、比嘉秀平《ひがしゅうへい》主席が急死し、当間重剛《とうまじゅうごう》那覇市長が主席となったことを受け、那覇市長選挙が行われた結果、五六年四月の出獄後、島ぐるみ闘争の中心的な存在となっていた人民党の瀬長亀次郎が当選した。これは当間の後任の保守系候補を一本化できず、票が割れた結果ではあったが、米国と沖縄の保守層に大きな衝撃を与えた。米国側は瀬長を強引に失職させたが、USCARの高圧的な方法に住民の不満が高まったため、日米両政府は沖縄に対する新たな政策の検討を始めることになった（成田二〇二〇、八〇～八二頁）。

このように、当初は第三次世界大戦が起こることに対する不安を抱えつつも大部分は米軍の方針に従っていた沖縄の住民も、朝鮮戦争後の米軍の強権的な土地収用に反発を強め、一九五六年には島ぐるみ闘争が起きた。これを受けた日米両政府が新たな沖縄政策を検討する一方、沖縄では一時は弾圧されていた日本復帰の主張が再び高まっていくことになる。

「復帰」運動の変容

それでは、一九五六年以降、沖縄の復帰運動はいかに変化し、それは当時の国際情勢とどのようにつながっていたのだろうか。この節では、日米間で沖縄返還交渉が本格化する直前までの沖縄の状況の変化について確認する。

沖縄県祖国復帰協議会の結成

島ぐるみ闘争後の沖縄では、基地が多い中部の青年層を中心に、日本復帰の主張がさらに強まっていた。既に一九五六年五月には沖青連に祖国復帰特別委員会が置かれ、同年末の日本の国際連合への加盟などを理由に、翌年二月には社大党の賛同を得て祖国復帰県民大会を開くことになった。しかし、米軍やそれに追従する琉球政府が干渉したために共催は難しくなり、最終的に四月に沖青連単独の「祖国復帰促進県民大会」が開かれた（櫻澤二〇一二、七三〜七四頁）。

その後、沖青連は日青協傘下の各県団と歩調を揃えることなどを理由に、一九五七年に「沖縄県青年団協議会」（以下、沖青協）へと名前を変え、再出発した。翌年八月には、中根章など、中部地域の市町村からなる中頭《なかがみ》郡青年団協議会の幹部が中心となって原水協を結成し、その後も県民大会を開くなど、沖青協は教職員会とともに復帰運動の中心となっていった。また、同年一〇月には沖青協と教職員会青年部の代表が会合を開き、日本復帰について共同の立場をとっていくと決めた（成田二〇二〇、一〇二〜一〇三頁）。

同時期に、日米安全保障条約改定に関する日米協議が始まり、日本の防衛義務がある地域として沖縄を含めるかどうかが国会で論議された。この結果、沖縄を含めると戦闘に巻き込まれるおそれがあるとした野党の反対などにより、沖縄は同地域から外された。

日本の外部とされたことに危機感を強めた沖縄では、与党である沖縄自民党も含めた超党派の復帰推進団体を、再び組織化することが提起された（櫻澤二〇一五、八六頁）。一九六〇年二月に開かれた復帰促進懇談会は、その場で祖国復帰協議会の結成準備会に切り替えられ、沖縄がサンフランシスコ平和条約によって日本と切り離された四月二八日に、教職員会・沖青協・沖縄官公庁労働組合協議会を世話役として、復帰運動の推進母体となる沖縄県祖国復帰協議会（復帰協）が結成された。ただし、この時は自民党は加わらず、また、会長については、教職員会会長の屋良が候補となったが、屋良が以前復帰期成会の会長を投げ出した手前自信がないと断ったため、不在で発足することになった（琉球新報社編二〇一五、七六～八〇頁）。

その後、復帰協は六月一九日のアイゼンハワー大統領の来島に合わせ、祖国復帰要求県民大会と請願デモを行った。そして、平和条約第三条の撤廃、潜在している日本国憲法の適用、国政参加と主席公選の実現、思想・言論・出版・集会・団結・渡航の自由の完全保障の獲得などを求め、活動を展開し始めた（沖縄県祖国復帰闘争史編纂委員会編一九八二、七七頁）。

「二・一決議」

世界の状況にも目を向けると、復帰協が結成された一九六〇年は、各地で重要な出来事が相次いだ年だった。本書に関係がある出来事をあげれば、韓国では四月革命によって李承晩《イスンマン》政権が崩壊し、六月には日本で起きた安保闘争により、岸信介《きしのぶすけ》政権が退陣に追い込まれた。親米政権下の南ベトナムでは一二月に南ベトナム解放民族戦線が結成され、北緯一七度線で分断された南北ベトナムの統一をめざして活動し始めた。また、長く西欧の植民地支配に苦しんできたアフリカでは一七ヵ国が一挙に独立し、一二月に植民地主義を速やかに終結させることを宣言する「植民地諸国、諸人民に対する独立付与に関する宣言」（植民地解放宣言）が採択された。

復帰協はこの宣言に着目し、翌年一〇月の県民大会で、国際連合を対象に、同宣言の沖縄への適用を求める決議を採択した。その内容は、米国政府が極東の緊張状態を理由に沖縄住民の施政権返還要求を拒み続けてきたことを、米国の一方的な軍事上の必要から統治しているに過ぎないとし、沖縄人民代表が国会に参加しないなかで締結・批准されたサンフランシスコ平和条約の第三条は、沖縄人民の意思に反しているると非難するものだった。そして、外国の軍事的必要により沖縄がいつまでも支配されていることは、植民地解放宣言の「外国による民族の征服、支配及び搾取は基本的人権非認《ママ》となり、国連憲章に反し、世界平和と協力促進の妨害」という部分にあたるとし、一日も早い米国施政からの解放と日本復帰を求めた（沖縄県祖国復帰闘争史編纂委員会編一九八二、一〇三頁）。

その後、六二年二月一日には立法院でも、沖縄の状況を住民の意思に反した不当な支配と捉え、同宣言から「あらゆる形の植民地主義を速やかに、かつ無条件に終止させることの必要を厳《おごそ》かに宣言する」という部分を引用し「沖縄に対する日本の主権が速やかに完全に回復される」よう力を尽くすことを訴えた「二・一決議」が超党派で採択された（南方同胞援護会編一九六八、一〇八一頁）。同決議は内閣総理大臣や米大統領に加え、国際連合加盟諸国にも送られ、国際的にも大きな反響を呼んだ。このため、「植民地解放宣言」に賛成した日本政府には大きな打撃となり、沖縄は「植民地」条項には該当しないと弁明に追われることになった。一方、沖縄では復帰協・原水協共催で二・一決議を支持する沖縄解放県民大会が開かれ、その後も米国統治の国際法上の不当性を訴える根拠とされた（山﨑二〇〇六、一九七頁）。

復帰協は翌年四月二八日から、分断線である北緯二七度線付近の海上で、復帰協と本土の代表団が合流する海上交歓大会を開始した。また、執行部に組織部を新設し、沖縄各市町村への支部組織設立をめざすことになった。一七団体で結成された復帰協は、六一年には二八団体、六三年には多数の労働組合が加盟し五七団体になるなど拡大を続けた（沖縄県祖国復帰闘争史編纂委員会編一九八二、一五五・一三四八頁）。

ベトナム戦争の始まりと復帰運動の変化

一方で、復帰協と同年に結成された南ベトナム解放民族戦線が南ベトナムで反米・反政府闘争を強めたことが、沖縄にも影響を与え始めた。一九六三年以降、米国がベトナムに次第に深く介入し、一九六五年二月から北ベトナムに対する恒常的な爆撃（北爆）を始め、さらには地上軍を送るなどしたため、沖縄の米軍基地が戦争に伴って活発に使用されるようになったのである。その依存度は、同年一一月にシャープ（U. S. Grant Sharp Jr.）太平洋軍司令官が、「沖縄なくしてわれわれはベトナム戦争をやっていけない」と発言したほどだった（吉澤一九八八、二七頁）。

基地使用の活発化に伴い、戦争に巻き込まれることに対する沖縄住民の不安は朝鮮戦争時と同様に増していき、これは復帰運動の高まりに結びついた。北爆が始まると、復帰協は、「常時臨戦態勢にある在沖米軍は沖縄から核兵器ミサイル・ホークをはじめ軍事力を展開し、沖縄基地が核攻撃基地として使用されていることから沖縄県民を直接に核戦争へとまき込む危険を伴っているものであることを思うとき、九〇余万沖縄県民の生命財産の一切の保障に対する不安が一層つのるばかりである」として、二月二二日に米国のベトナムへの武力介入に抗議する決議を採択した（沖縄県祖国復帰闘争史編纂委員会編一九八二、二一七頁）。

なかでも、台風避難の名目で七月二八日に嘉手納基地に飛来したB五二が、翌日ベトナムに直接出撃したことは、沖縄住民に大きな衝撃を与えた。B五二は、大陸間弾道ミサイル・潜水艦発射弾道ミサイルと並ぶ米国の核攻撃力の一つであり、グアムに配備されていたB五二は、ベトナム戦争が本格化した一九六五年から、通常爆弾を搭載してベトナムに渡洋爆撃を行っていた。このようなB五二の沖縄からの出撃は、戦争体験を持つ人も多くいた当時の沖縄では、直接戦争に巻き込まれることに対する恐怖を呼び起こしたのである。この事件は、沖縄が補給基地以外に使われる明確な証拠はないとして基地の使用を認める立場をとっていた、与党である沖縄民主党にも動揺を与えた。その後の立法院の定例議会では、沖縄が第二次世界大戦で受けた戦争の惨禍から説き起こし、米軍に戦争行為の取り止めを強く要請する「戦争行為の即時取り止めに関する要請決議」が超党派で採択された（成田二〇二〇、一五四〜一五五頁）。

B五二の発進問題は、米国のベトナム戦争介入への批判が高まっていた日本本土にも大きな衝撃を与え、野党や労働団体、原水協などがこれに抗議した（『読売新聞』一九六五年七月三一日・八月一・三日）。批判的な世論の高まりを受け、佐藤栄作《さとうえいさく》首相も、沖縄を発進基地にする米国の権利を否定はしなかったが、駐日米国大使館に二度にわたってB五二の出撃を中止するよう申し入れた。このため、一九六六年後半に米国でB五二の追加配備が計画された時、政治的に微妙な問題を含むとして沖縄は外され、一九六七年からはタイのウタパオ基地が爆撃の拠点となった（成田二〇二〇、一五六〜一五八頁）。

「即時無条件全面返還」論の登場

その後、沖縄がB五二の発進基地とされることはしばらくなかったが、ベトナム戦争の進行に伴い、住民生活を脅かす新たな土地接収、米兵犯罪の増加、基地周辺の騒音の悪化などが次々に起こり、沖縄の人々は「生命、財産は脅かされ戦争の不安にさらされ」る状況になった。沖縄基地が攻撃・中継補給基地としてベトナムの戦場に直接結びつけられていることは、復帰運動のために集った多くの人々にとって、「戦争の悲惨さを身をもって体験し再び戦争の悲劇をくり返すまいと誓った沖縄が今度はまったく我々の意志に反して、同じアジア民族殺戮に手を貸す立場に立たされている」という、「我慢のならないこと」だった（沖縄県祖国復帰闘争史編纂委員会編一九八二、三六六～三六七頁）。

また、復帰運動を進めてきた住民の一部は、この時期から佐藤政権が米国に同調しすぎていることに不信感を持つようになっていた。その理由の一つは、日本国民である沖縄県民を国が憲法によって擁護しないのは違憲だとして、一九六五年から本土・沖縄双方で行われた沖縄違憲訴訟での日本政府の態度だった。日本政府は訴訟の前に、米国が施政権を行使しているため、現実的には沖縄に日本国憲法は適用されないとし、裁判が始まった後には裁判の棄却を求めるなどしたのである。このため、翌年の国会論争なども経て、一部の住民は「対日『平和』条約第三条による不法、不当なアメリカの支配を容認し、むしろ積極的に協力しているのが佐藤自民党政府」だと考えるようになった（沖縄県祖国復帰闘争史編纂委員会編一九八二、二六三～二六四・三〇六頁）。

また、一一月の佐藤訪米の直前に作成された「佐藤総理訪米に対する即時無条件全面返還要求行動要綱」では、復帰運動の原理は「戦争の悲惨さを身を以て体験したわれわれとして二度と悲劇をくり返すまいという反戦平和の考え方が背景をなしており民主的平和憲法をかちとり、守り抜くことが復帰運動の本すじでなければならない」とされた（沖縄県祖国復帰闘争史編纂委員会編一九八二、三六八頁)。ここで登場した「即時無条件全面返還」という言葉は、日本政府が一九六五年以降に模索した教育権のみ、あるいは離島である宮古・八重山を分離した分離返還、核を保持したままの返還などを意識しつつ、沖縄の人々が求める返還のあり方を示していた。すなわち、長期異民族支配に対しては「即時」、核付き条件には「無条件」、分離論には「全面返還」を対置させていたのである。佐藤が訪米する直前にも、復帰協は「県民の基本的要求は条約三条撤廃、即時無条件全面返還であり核基地撤去、一切の軍事基地に反対する立場」だとする「佐藤総理の訪米に当り即時無条件返還を要求する声明」を発表した(沖縄県祖国復帰闘争史編纂委員会編一九八二、四六三・三七五~三七六頁)。

一方、前章で述べたように、一九六七年一一月の訪米以前に、佐藤首相は既に台湾の蔣介石《しょうかいせき》総統に沖縄の「軍事体制は弱めない」という意向を伝えていた。そして、訪米した時も「基地を維持する」ことを前提としつつ、日米両国が両三年内に沖縄返還に合意するという文言を入れることを最重要視し、実際に共同声明には同様の文言が盛り込まれた。しかし、これは復帰運動を推進した住民が望んでいた結果ではなかったといえる。

B五二常駐化の衝撃

そして、一九六八年に入り、朝鮮半島とベトナムの危機を背景に二月五日にB五二が沖縄に配備され、次いでベトナムへの出撃が始まると、住民の反発や不安はさらに強まった。B五二が配備されると、沖縄では九日に原水協（社会党系）主催のB五二撤去要求抗議大会が開かれ、一〇日には立法院が「B五二爆撃基地化に反対し同機の即時撤収と一切の戦争行為の即時取止めを要求する決議」を全会一致で採択した。

また、嘉手納基地に隣接する嘉手納村では、一二日から村役所の労働組合が「B五二駐機絶対反対」と書いたリボンをつけて反対運動を始めた。嘉手納村は戦後に基地の拡張に伴って北谷《ちゃたん》村から分村を余儀なくされてできた村であり、総面積の八七・八％が米軍用地に接収されたため、村民のほとんどが直接・間接的に基地に関係があるサービス業などに従事しており、基地に対する反発が強い本島中部では保守色が強い地域だった。しかし、米国のベトナム戦争への本格介入に伴う基地使用の活発化のため、村民は甚大な基地被害に見舞われ続けていた。B五二の配備直前の一月一六日に初めて嘉手納村議会が基地撤去を決議し、翌日には、他地区に先駆けてできた復帰協嘉手納支部なども、初めて米軍基地撤去を要求する県民大会を開いたところだった（成田二〇二〇、一八二～一八四頁）。

労働組合の運動と並行して、村長ら三役、各議長もB五二駐機に対する村の態度について協議した。そして、「われわれは過去二十余年基地からの被害でさんたんたる苦難の道を歩んできた。（中略）このうえB五二爆撃機が駐留することは直接戦争につながるものとして、いまや村民の恐怖と不安は最高潮に達しており、寸時たりとも許すことはできない」（『沖縄タイムス』一九六八年二月一三日）とする要請書を、一四日に嘉手納空軍基地司令官に手渡した。

一方、司令官はB五二配備の目的を明かさず、撤収要請にも応じなかった。このため、嘉手納村臨時村議会は翌日に全会一致でB五二撤去決議を採択した。二月一七日には立法院の与野党代表が高等弁務官にB五二の撤去要請を行い、翌日原水協（人民党系）による「ベトナム侵略戦争、朝鮮への軍事挑発反対、基地撤去、B五二撤収要求抗議集会」が開かれた。二三日からは沖縄自民党議員を中心とした立法院代表団が、日本政府にB五二撤去・国政参加・施政権返還要請を行うために上京した（成田二〇二〇、一八四頁）。

しかし、米国政府は「日本が沖縄に同情しているような態度を見せてはならない」とし、積極的に朝鮮半島情勢に対処するよう日本政府に求めた。これを受け、日本政府は上京した立法院代表団に対し、非常に冷淡な姿勢をみせた。沖縄ではいっそう反発が強まり、三月四日には再び代表団が上京し、日本政府にB五二即時撤去を申し入れたが、協力は得られなかった。自力で解決を迫られる状況となるなか、沖縄ではこの後も立法院野党の撤去要求活動、自治体でのＢ五二撤去決議キャンペーンやオルグ活動などが続けられていった（成田二〇二〇、一八五〜一八六頁）。

主席選挙とＢ五二墜落爆発事故

その後、一時的な関心の低下を経て、Ｂ五二は再び一一月に初の主席公選選挙での争点の一つになった。即時無条件全面返還・Ｂ五二撤去などを主張する革新共闘会議の統一候補となったのは、教職員会会長の屋良朝苗だった。数人が候補とされたが、戦後の教育復興に取り組んだ教職員に対して人々の信頼が厚いだけでなく、屋良がいち早く復帰運動に取り組んだリーダーであり、政党人でないことなどが選出の理由となった（琉球新報社編二〇一五、一五八頁）。同時期に立法院選挙と那覇市長選挙も行われたが、主席選挙では屋良が勝利し、他の選挙でもいずれも革新側の得票が保守を上回った。そして、前章でみたように、その直後に発生したＢ五二墜落爆発事故が沖縄の人々を不安に駆り立て、ゼネストが計画される原因となった。

一一月一九日未明に発生したこの事故は、嘉手納基地内で一機のＢ五二が離陸に失敗、爆発炎上し、搭載していた爆弾が次々に爆発したことで、一時間にわたって基地内で火災が起きるというものだった。一六人の嘉手納村民が重軽傷を負い、校舎・住宅など三六五件の被害が出た（屋良誌編纂委員会編一九九四、六五九頁）。その爆発音のひどさにより、嘉手納では戦争が始まったと錯覚した人も多かったという（成田二〇一四、五二頁）。嘉手納に住んでいた全軍労委員長の上原康助も、爆発の衝撃を身をもって体験し、当日朝に、「最大限の抗議行動を組もう」と、労働組合の中央組織である沖縄県労働組合協議会（以下、県労協）に訴えた（琉球新報社編一九八三、五六〇頁）。村長の要請で当日朝に臨時会議を開いた嘉手納村議会は、米国に対しB五二と一切の軍事基地を即時撤去するよう強く要求する決議を全会一致で採択し、抗議のために開かれた村民大会には五〇〇〇人が集まった（成田二〇二〇、二〇五頁）。

翌日、嘉手納基地の隣の知花《ちばな》弾薬庫に核が貯蔵されていると報道されたため、対立していた人民党系と社会党系の原水協が復帰協との共闘に合意したほか、沖縄自民党もB五二反対の立場をとることを決めるなど、不安と恐怖が全県的に広がっていった。県労協幹事会は同日、県民の命を守る闘いを組織するため、B五二の撤去に目標をしぼってゼネストを組むことを確認し、単組委員長会議では県労協全加盟組合がこの闘争への参加を申し合わせた。

その後、嘉手納村教職員会を中心とした約七〇〇〇人の女性たちが、一一月三〇日にB五二と一切の核兵器の即時撤去を求める総決起大会と初の女性だけのデモを行った。続いて、一二月二日に爆発事故現場とほぼ同じ場所で再びB五二による事故が起きると、七日には嘉手納村教職員会が一二時間職場を放棄しストライキを行った。スト宣言は、「毎日性こりもなく、尊い人命を殺りくするために嘉手納基地を使わせていることは、私たち自身、ベトナム戦争に協力していることになりはしないだろうか」との加害者意識に立つものであり、村役所・PTA会長なども協力したほか、村外からの支援団体も含め二〇〇〇人以上がストライキに参加した（成田二〇二〇、二〇六〜二〇八頁）。

幻のゼネスト

このように、被害を受けた嘉手納の人々が立ち上がるなか、教職員ストライキと同日に、「いのちを守る県民共闘会議」（以下、共闘会議）が、革新共闘会議の構成団体を含めた一四〇団体余りで結成され、B五二の即時撤去、原子力潜水艦（以下、原潜）の寄港の即時中止、沖縄からの一切の核兵器の即時撤去を求めて活動し始めた。その後、一二月には屋良主席と、県民大会で選出された代表団がそれぞれ上京し、B五二撤去を訴えたが、これも協力を得ることはできず、本土への不信感は強まった。二三日に開かれた立法院臨時議会でも、B五二戦略爆撃機の即時撤去、原潜寄港の即時取り止めと賠償を要求する決議が採択された。この時までは、ゼネストに表立って反対したのは、ストライキが行われれば被害を受けるとした沖縄経営者協会だけだった（成田二〇二〇、二〇八・二一〇〜二一一頁）。

しかし、USCARがデモ・集会を処罰し、政治運動も禁止するとした「総合労働布令」を一月二五日に施行すると通告すると、ゼネストの影響の大きさを懸念する経済団体

図９　B52撤去などを求めて集まった人々（読谷村教育委員会提供）
頭上を飛んでいるのがB52.

や沖縄自民党は、ゼネストを回避しようと動き始めた。結局、この布令の施行は沖縄と本土からの激しい抗議行動を受けて延期されたが、嘉手納でも貸し住宅組合や商店街が同日にゼネスト反対の陳情書を嘉手納村当局に提出するなど、反対の意思表示を始めた。また、沖縄自民党議員は屋良主席らにゼネスト中止を訴え、B五二撤去には賛成だが、ゼネストは「基地撤去と七〇年の安保廃棄闘争を指向する政治闘争だ」として、二七日に取り止めを要求する声明を出した。翌日開かれた臨時嘉手納村議会で陳情書の扱いが議論されたが、最終的に沖縄自民党本部の意向を受けたとされる自民党議員の賛成多数で、陳情書は原案通り採択された（成田二〇二〇、二一二〜二一三頁）。

一方、一月二四日の県民大会で選出され、二六日から上京した代表団は、政府関係者などにB五二即時撤去を求めるとともに、総評などの労働団体にゼネストへの協力を訴えた。そして、二八日の午後七時、政府の回答が不十分だとして、県民共闘と県労協の両事務局に「ゼネスト突入準備指令」を出した。

しかし、同日ストを回避させるために上京した屋良主席は、二九日に木村俊夫《きむらとしお》官房副長官による「B五二基地はおそくとも六、七月までには撤去」という見通しを根拠に、三一日の午後一時半に共闘会議幹部らを招き、「忍びがたきを忍んでゼネストを回避してもらいたい」と頼んだ。この屋良の要請と、米軍の弾圧により多くの組合員を擁する全軍労が不参加となったことを受け、県労協、そして共闘会議幹事会は紛糾の末、ゼネストを回避した。その代わり、二月四日当日には県民大会とデモ行進が行われ、集まった人々は怒りを共有した（成田二〇一四、五二頁、成田二〇二〇、二二三〜二二八頁）。

このように、一九五六年の島ぐるみ闘争以降、沖縄では青年層や教員を中心に復帰への主張が強まり、一九六〇年に復帰運動の母体となる復帰協が結成された。同年採択された植民地解放宣言は、沖縄に対する日本の主権の回復を求める初期の復帰運動の根拠ともなった。しかし、一九六五年の米国のベトナム戦争への本格介入に伴う基地使用の活発化により、戦争に巻き込まれることへの恐怖と、ベトナムへの加害者になっているという意識が高まった。その米国に同調する佐藤政権の態度から、復帰協が求める復帰のあり方として「即時無条件全面返還」が提起され、一九六八年の初の主席公選選挙では、これを掲げた屋良が選ばれた。選挙直後に起きたB五二墜落爆発事故は、沖縄の人々に核兵器による沖縄の消滅を想起させるほどの衝撃を与え、B五二や核兵器の撤去を求める声がさらに高まっていく。結局、その後計画されたゼネストは内部対立などにより行われることはなかったが、沖縄の状況の変化を背景に、日米間では沖縄返還交渉が本格化することになった。

「沖縄返還」路線への抵抗

それでは、一九七二年に実際に沖縄の施政権が返還されるまでに、沖縄ではどのような動きがみられたのだろうか。

復帰協の急進化

前節で確認したように、ゼネストは回避されたものの、屋良の当選と、その後の沖縄の状況の変化は、日米間で沖縄返還交渉が本格化する大きな要因となった。しかし、両政府の返還方針は基地の維持が前提となっており、屋良が掲げた「即時無条件全面返還」とは大きな距離があった。

そして、沖縄返還が徐々に現実化するなか、沖縄の復帰運動の内部でも復帰の方針をめぐる意見の対立が明らかになっていった。復帰協が三月の定期総会で、一九六六年以降の運動方針だった「核基地撤去、軍事基地反対」を「軍事基地撤去」とし、「日米安保条約の廃棄」を打ち出すなどして急進化していったためだった。特に「安保廃棄」方針に対しては、同盟系の二つの労働組合が反対し、定期総会から退場した上、翌七〇年には脱会したのである（平良二〇一二、二五八〜二六一頁）。

このような分裂を経つつも、定期総会では改めて「平和と自由、平等の基本理念にたつ沖縄問題の解決は、即時無条件全面返還以外にない」として、内閣総理大臣・米大統領などに対し具体的な方策を立てることを要求する「沖縄の即時無条件全面返還を要求する決議」が採択された。ここではB五二墜落爆発事件、原潜寄港による海水の放射能汚染をはじめとした基地被害や米軍・軍属による犯罪などの処理が米軍の一方的な裁定によって処理され、県民が無権利状態に置かれていることは「およそ近代民主社会にありうべからざるもの」とされた（沖縄県祖国復帰闘争史編纂委員会編一九八二年、四七三頁）。

復帰協はその後も、四月二八日の「沖縄デー」に沖縄と東京で集会を開いたほか、慰霊の日である六月二三日は、これが新日米安全保障条約が発効した日であり、一〇年の固定期限の終了一年前でもあることから、「反戦平和行動デー」と位置付け、「安保廃棄・B五二撤去即時無条件全面返還要求県民大会」を開いた（沖縄県祖国復帰闘争史編纂委員会編一九八二年、五一三〜五一六頁）。ただし、この時期は日米間で沖縄返還交渉が始まっていたこともあり、住民の運動は以前ほど盛り上がらなかった。

しかし、七月一八日に沖縄での毒ガス配備に関する米紙報道が明らかになると、沖縄では再び不安が高まった。立法院は七月二二日に毒ガスの即時撤去を決議し、復帰協も「毒ガス兵器の即時撤去を要求する県民大会」を開き、その後も毒ガスの即時撤去を訴え続けた。それにもかかわらず、移設先とされた地域の反対などにより、毒ガスも一九七一年まで放置された（成田二〇二二）。

ベトナム戦争のために住民の生活が脅かされ続けるなか、屋良主席は四月から佐藤が訪米するまで四回にわたって上京し、日本政府にB五二などの撤去や沖縄の「即時無条件全面返還」を訴え続けた。しかし、日本政府は返還の形態は「本土並み」としたが、その説明は運用面を本土と同等にする「形式的本土並み」と、規模・密度も本土と同等となるという「実質的本土並み」の両方があり（小松二〇一五、一〇五〜一〇六頁）、前章でみたように、結果的に推進されたのは前者の意味での「本土並み」となった。

「沖縄人の沖縄」の希求

沖縄住民には実態が知らされないまま沖縄返還交渉が進み、一一月の佐藤首相の訪米が近づくと、沖縄では以前から日米両政府による返還路線に否定的だった革新系だけでなく、財界や保守系の人々の一部も日本復帰に反対するようになった。詳しくは次章で検討するが、まず、画家・作家として知られていた山里永吉《やまざとえいきち》や、初期に独立論を唱えていた仲宗根源和《なかそねげんわ》などが中心となり、八月に「沖縄の人たちが、子々孫々に至るまで幸福な生活が送れるようにするために、（中略）復帰に当って条件をつけるのは、わたくしたちの当然の権利」だと訴える「琉球議会」を結成したのである（小松二〇一五、一九五〜一九六頁）。

次いで、琉球議会のメンバーの一部は、一〇月に元主席の当間重剛を会長とする「沖縄人の沖縄をつくる会」を結成し、「お互いの生活を守り、沖縄経済を、より繁栄にみちびくために、日本復帰はすべての沖縄人が、日本本土と同等、あるいは本土以上に、その経済基盤をがっちり固めてのち考慮すべき」だとして、復帰の時期を「住民投票」によって決定することを要求した（成田二〇二〇、二八〇〜二八一頁）。

また、一〇月二三日に、沖縄のB五二が水爆を積み、中国と北朝鮮で通常パトロールを行っていると共同通信が報道した。結局、B五二は七月の時点では撤去されず、朝鮮半島で将来EC一二一撃墜事件と同様の事件が起きた時などのために配備され続けていたが、この時点で配備の目的や報道の真偽は明らかにされなかった（成田二〇二〇、二八二頁）。

この報道により、基地に対する住民の不安や反発は再び高まった。立法院でもB五二が議論の的となり、B五二撤去要求決議は沖縄自民党の反対多数で否決されたが、同年四月に与野党議員が共同で提案した、「民主的平和憲法の下に沖縄の地位を回復する全面返還」を求める決議に、さらに戦後処理の解決と自立経済の確立への要求を加えた「沖縄の施政権返還に関する要請決議」が採択された。嘉手納村議会は翌日の臨時会議で、「B五二の水爆パトロールに抗議しB五二の即時撤去を要求する決議」を全会一致で採択し、「いのちを守る県民共闘会議」が一〇月三一日の幹事会で活動再開を正式に決定するなど、住民の運動も再び活発化した（成田二〇二〇、二八二〜二八五頁）。

屋良主席は、このような状況を背景に一一月七日から上京し、一〇日の佐藤首相との会談の際に「佐藤総理大臣に訴える」と題した文書を読み上げ、一九日から予定された日米首脳会談で①沖縄の即時無条件全面返還、②核兵器・B五二・毒ガス兵器などの完全な撤去、③原潜の寄港中止、④基地の自由使用、B五二その他攻撃兵器の発進を許さないことなどを実現するよう要請した。また、復帰協は佐藤訪米を「最大の斗《たたか》い」と位置付け、「即時無条件全面返還」を求め、一一月一三日から一七日にわたって統一抗議行動を展開した（成田二〇二〇、二八五頁）。

「沖縄返還」への失望

前章で確認したように、一一月一九日から佐藤首相が訪米し、一連の会談の結果、七二年の沖縄返還を明記した佐藤・ニクソン共同声明が現地時間の二一日に発表された。韓国政府・国府（中華民国政府）には共同声明の意図が秘密裡に説明されていたが、日本では「核抜き、本土並み」返還が実現したと大きく報道され、佐藤が帰国した直後の衆議院議員総選挙では、自民党が三〇〇議席を確保し、圧勝した。

しかし、沖縄では無条件全面返還を待ち望んでいた人々から、共同声明に対して不満が表明された。特に、復帰協が二六日に抗議大会を開くという情勢もあったため、屋良主席が佐藤首相を羽田《はねだ》空港で出迎えるかどうかが問題となった。結局、屋良は上京したものの、一睡もせずに考えた上で羽田行きを中止し、二八日に佐藤と会見することになった。これは、屋良を含む沖縄の人々の共同声明に対する不満と、復帰を推進してきた本土政府首脳の努力・実績に対する評価と感謝の両面を兼ね合わせるための苦渋の選択だった（屋良一九八五、九四～九九頁）。

そして、日米共同声明の発表直後から、米軍の軍事支出を減らすことを理由として、基地で働く労働者の大量解雇が始まり、沖縄では大きな問題となった。沖縄の基地労働者は、当初はUSCARが出した布令一一六号によって琉球政府が定めた労働三法の適用から外されていた。しかし、一九六一年に全沖縄軍労働組合連合会を結成し、六三年に単一組織の全沖縄軍労働組合（全軍労）に改組して以来、米軍に厳しく権利を抑圧されるなか、地道な闘いの積み重ねによって少しずつ権利を獲得していた。

全軍労は、布令一一六号の撤廃を求めて一九六八年四月に初の一〇割年休行使闘争を行い、二・四ゼネストの際は解雇もちらつかせた米軍の切り崩しによって最終的に不参加となったが、同年六月五日には同布令で禁止されているにもかかわらず、初のストライキを行った。そして、二万人の規模の大きな組合であるために、次第に沖縄の労働運動・復帰運動の中心的な存在となりつつあった。

戦後の沖縄では、仕事がないために基地で働かざるを得なかった人は多くおり、この時期は戦争に伴う増員もあって、基地労働者の全体数は五万人に達していた。その後の米軍の解雇のやり方は一方的であり、生活の保障もなかった。そのなかで、「首を切るなら基地を返せ」が全軍労の解雇撤回闘争のスローガンとなった。基地で働きながらその基地や戦争に反対することは、外から見れば矛盾しているように見えたかもしれない。だが、沖縄戦を経て、生活を続けるために基地を職場として選ばざるを得なかった人々にとって、他の沖縄の人々の平和を求める闘いに連帯するのは「当然のこと」だった（成田二〇一六）。生活を守るためのこのような全軍労の闘いには、基地撤去を掲げた教職員会も共感を寄せ、積極的に支援した（成田二〇一四、四九〜五一頁）。

自衛隊配備への抵抗

また、前章で確認したように、沖縄返還交渉と同じ時期に日本では自主防衛論が高まっており、自衛隊配備を含む復帰後の沖縄防衛に関する日米協議が進んでいた。自主防衛論の主唱者である中曽根《なかそね》康弘《やすひろ》が防衛庁長官となったことに警戒感が生まれたのは、沖縄でも同じだった。一九七〇年九月末に、中曽根が翌月沖縄を訪問することが明らかになると、教職員会・県労協などは最大限の抗議行動を組む構えをみせ、屋良主席にも、「自衛隊の沖縄配備には強く反対してもらいたい」と申し入れを行ったのである。彼らは、訪沖は沖縄基地の維持・強化と自衛隊の沖縄配備を意図するものとみなしていた（成田二〇二〇、三一六頁）。この背景には、当時復帰協の中心となっていた世代がいずれも戦争を体験しており、自衛隊を軍隊と同一視し、強い拒否感を持っていたことがあった（成田二〇一七）。

一〇月七日から沖縄を訪れた中曽根は、翌日屋良と会談を行い、この際に自衛隊配備をめぐる屋良の対応が注目を集めた。沖縄が主権内に入れば、日本が防衛するのが「本土並み」であり、自衛隊は平和維持のための防衛力だとして、県民の誤解や偏見を解くことに協力するよう求めた中曽根に対し、屋良は「戦前、県民が受けた悲惨な思いがあるので自衛隊の配備が戦争につながるのではと大きな不安を与えている」として、特に自衛隊が戦略的な米軍と肩代わりすることには絶対反対だという強い意志を示した。このため、両者の意見は平行線をたどった。

会談後、中曽根は記者会見で、自衛隊について大多数は沈黙しており、立法院でも配備反対を決議していないとして、「反対と断言するのは屋良主席の仮想」と批判し、「自衛隊は方針通り配備する」と述べた。これに対し、復帰協などは反発を強めたが、当時の琉球新報の世論調査では、賛成・反対・わからないの割合がいずれも三〇％前後で、賛成が三五％と最も多かった（成田二〇二〇、三一七〜三一八頁）。

しかし、沖縄返還協定調印が近づき、これが一九六九年の日米共同声明を踏襲していることが明らかになると、沖縄現地では革新団体を中心に「県民不在の交渉」だという強い不満・反発の声があがり、自衛隊配備に反対する人も増えていった。一九七一年四月二八日に「日米共同声明路線粉砕」をスローガンとした五万人規模の県民総決起大会が開かれたのに続き、五月一九日には沖縄返還協定に反対する約七万人規模のゼネスト（五・一九ゼネスト）が行われた。また、革新共闘会議は同時期に『国民を対敵にした自衛隊の実態』と題された小冊子を発行するなど、自衛隊配備反対運動を盛り上げようと努めた。六月一七日に沖縄返還協定の調印が行われたが、支持母体である沖縄の与党・革新団体の強い反発を背景に、屋良主席は調印式を欠席する事態となった（成田二〇二〇、三二九〜三三〇頁）。

また、六月末から七月初めにかけて訪沖した防衛庁沖縄調査団が、豊見城《とみぐすく》村・糸満町など一一の市町村に自衛隊配備への協力を求めたことも問題となった。革新三党と革新共闘会議は、自衛隊配備反対行動について協議し、自衛隊から各市町村に送られている募集協力を求める親書や各高校宛に届いた入隊募集の要請書を、関係各所が拒否するよう求める方針を立て、後述する軍用地の再契約拒否運動と自衛隊反対闘争を結びつけて進めることも決めた。沖縄返還協定の調印後、防衛庁が一方的に予想以上の規模の自衛隊配備を進めようとしていることなどが明らかになると、七月に行われた自衛隊配備に関する琉球新報の世論調査では、賛成が一六・六％と半減する一方、反対が四七・四％に急増した（成田二〇二〇、三三〇～三三一頁）。

「沖縄国会」

防衛庁の調査団の訪問と同月、前章で確認したように米中接近が明らかになり、世界中に衝撃が走った。日本や沖縄では沖縄基地の重要性が低下したという見方が広がり、一〇月に予定された沖縄返還協定批准のための第六七回臨時国会（以下、「沖縄国会」）が近づくなか、日本政府と沖縄現地との対立はさらに深まった。

特に、復帰前に公用地として使われてきた土地を土地所有者の同意なしに続けて使うことを可能にした「公用地暫定使用法案（以下、公用地法案）」は、沖縄現地の反発を高める一因となった。復帰協など革新団体は、公用地法案を復帰と同時に自衛隊が強制的に土地を使うことを可能にし、自衛隊の強制配備を合法化しようとするものだとみて、賃貸借契約を拒否するよう求める契約拒否運動を進めるとともに、「反戦地主会」の結成準備会を立ち上げた（平良二〇一二、二九〇～二九五頁）。

一〇月から沖縄国会が始まると、復帰協を中心とした革新側は、米国上院での沖縄返還

図10　約10万人の人々が参加した11.10ゼネスト（那覇市歴史博物館提供）

協定の採決を前に、一一月一〇日に一〇万人規模となる過去最大のゼネストを行い、沖縄返還協定のやり直しを求めた。一方で、経済団体や沖縄自民党など四〇団体は協定批准促進協議会を結成し、一三日に二〇〇〇人規模の「返還促進県民総決起大会」を開き、「協定承認・関連法の早期可決」を決議した（成田二〇二〇、三三七〜三三八頁）。

沖縄内部の対立も明らかになるなか、琉球政府は一〇月から「復帰措置総点検プロジェクトチーム」を発足させ、沖縄復帰に伴う関連七法案を総点検した結果を、「復帰措置に関する建議書」としてまとめた。建議書は、「はじめに」「基本的要求」「具体的要求」の三部からなっており、「地方自治の確立、反戦平和、基本的人権の確立、県民本位の経済開発の四本柱を基本理念として、日本政府による復帰対策を検証」したものだった（『琉球新報』二〇一二年一〇月二六日）。

屋良は一一月一七日に建議書を携え上京したが、屋良が羽田空港に着いた時点で、沖縄返還協定は衆議院沖縄返還協定特別委員会で抜き打ちで強行採決されていた。この特別委員会には、一九七〇年に実施された国政参加選挙で衆議院議員に選ばれた、元全軍労委員長の上原康助、人民党の瀬長亀次郎、社大党の安里《あさと》積千代《つみちよ》も出席していたが、採決されたのは上原の次の代議士が質問を続けている最中であり、瀬長・安里両議員は発言の機会を与えられなかった（上原二〇〇一、一八八頁）。屋良はホテルの玄関で報道陣からこれを知らされ、大きな衝撃を受けたが、翌日に佐藤首相らに会い、強行採決に抗議するとともに、「沖縄問題については責任をもってその不安、疑惑に応えてくれ」と強く求めた（成田二〇二〇、三三九～三四〇頁）。

強行採決により中断された国会審議は一一月二二日から再開されたが、沖縄選出の安里・瀬長両議員は「「沖縄の心」を理解しない国会には協力できない」として質問を拒み、社会・共産両党議員も委員会を欠席した（『朝日新聞』一九七一年一一月二二日）。沖縄返還協定承認案は、二四日に自民党・公明党・民社党議員のみの出席により可決され、参議院に送られた。

自衛隊配備と沖縄戦の記憶の再燃

一二月に入ると、衆議院の沖縄・北方問題特別委員会で公用地法案などの審議が再開され、参議院での審議も始まったため、沖縄現地では沖縄返還協定反対に加え、自衛隊反対の動きが高まった。一二月四日には、沖縄婦人連合会などの女性団体が呼びかけ、主催者発表で約五〇〇〇人規模の「自衛隊沖縄配備反対婦人総決起大会」が開かれた（『朝日新聞』一九七一年一二月五日）。決議では、「子をもつ私たち母親は、愛する子供の未来が戦争への道につながるものであることを考えた時、体をはってたたかう決意をせねばなりません」として、自衛隊の沖縄配備と公用地法案の撤回が強く求められた（沖縄県祖国復帰闘争史編纂委員会編一九八二、七二三〜七二五頁）。また、一二月一〇日には、軍用地の契約を拒否し、米軍基地の開放を要求する反戦地主会が結成され、公用地法案の廃棄を求め、自衛隊の沖縄配備に反対する宣言・決議を採択した。

しかし、一二月一四日に公用地法案が衆議院本会議で政府案通りに可決され、二二日には沖縄返還協定が国会で承認された。公用地法案などの沖縄関連法案は継続審議扱いとなったが、三一日に全野党議員が欠席するなか、自民党の単独採決という異常な形で可決され、沖縄返還に伴う主要な法的手続きは一切整い、後は返還期日の確定、批准書の交換などを待つばかりの段階となった（成田二〇二〇、三四一頁）。

翌年一月の日米首脳会談の後、日本政府は本格的に自衛隊配備の準備を始め、防衛庁関係者の訪問も増えた。革新団体は屋良が彼らと会見するのを止めようとしたが、屋良は「会見をし、自衛隊に対する県民の考え方を率直にのべた方がよい」と考え、来沖した中《なか》村龍平《むらりゅうへい》陸上幕僚長と非公式に会い、県民の平和や基地、軍隊、自衛隊に関する感情への配慮を強く求めた（成田二〇二〇、三五〇〜三五一頁）。

結局、初期の自衛隊配備は不祥事などにより延期されたが、沖縄ではこの後も反対運動が続いた。教職員会は、沖縄県教職員組合に改組された後、「戦争犯罪追及委員会」を設置し、「沖縄県民にとっては、あの沖縄戦は昨日の生々しい出来事であり、自衛隊即日本軍隊である」（沖縄県教職員組合戦争犯罪追及委員会編一九七二、まえがき）という問題意識のもと、戦時下の日本軍の住民らに対する残虐行為を調査した。五月に発刊された『これが日本軍だ―沖縄戦における残虐行為―』に収録された「沖縄戦の見方考え方」と題した文章には、復帰運動や島ぐるみ闘争、自衛隊配備反対闘争にも沖縄戦の体験や日本軍に対する歴史意識が作用しているとし、戦争体験が「沖縄戦後史の思想的原点」ともいえるという記述がある（同前、五五頁）。

また、五月一五日の沖縄返還とともに自衛隊配備が始まると、沖縄では返還当日に一万人規模の「自衛隊配備反対、軍用地契約拒否、基地撤去、安保廃棄、「沖縄処分」抗議、佐藤内閣打倒五・一五県民総決起大会」が開かれた。「沖縄処分」は、沖縄返還のねらいを「沖縄基地の維持強化であり、再び戦争と侵略の軍事的拠点基地として沖縄を位置づける危険なものであり、新たな差別と犠牲と屈辱を強要する」ものだとみて、明治時代の琉球処分と重ねる意味が込められていた（沖縄県祖国復帰闘争史編纂委員会編一九八二、八一三頁）。そして、沖縄では自衛官の住民登録や国体への参加の拒否など、革新団体を中心に様々な抵抗が続けられた。しかし、その後も自衛隊は配備され、七三年七月に防空を含む沖縄の防衛任務の引き継ぎが完了した。

以上のように、二・四ゼネストの挫折後、沖縄では復帰協が「即時無条件全面返還」を求めながら急進化する一方、保守側でも日本復帰に反対する動きが出てくるなど、日本政府が進める「核抜き・本土並み」返還が沖縄住民の意思を反映していないことが明らかになっていった。しかし、一九六九年一一月に決定されたのは形式的な「核抜き・本土並み返還」であり、沖縄ではその後もこれに対する抵抗が続いたが、復帰に伴って自衛隊配備や基地労働者の大量解雇など、新たな問題にも悩まされることになった。そして、日本政府が沖縄の民意を十分に考慮しないまま返還準備を進めるなか、沖縄では第二次世界大戦時の日本軍の行為が問い返され、明治時代の琉球処分も想起された。ここから約五〇年が経過した今、改めて返還後の沖縄が、当時の沖縄の人々が望んだものになっているのか、考えてみる必要があるのではないだろうか。

「独立」か「復帰」か

外からの「独立」運動

これまで、沖縄返還に東アジアの国々がどう関与しようとしていたのかについて、そして沖縄の人々自身が望んだ沖縄の日本復帰のあり方について確認してきた。ここでは、一九五六年の島ぐるみ闘争、一九六五年の日韓国交正常化と米国のベトナム戦争への介入、一九六九年の沖縄返還決定を分岐点とし、沖縄と周辺国の視点を交差させつつこれまでの流れを改めて振り返る。また、かつては琉球王国だったという沖縄の歴史に基づく琉球独立論がいかなるものであり、戦後の東アジアにおいてどのように認識されてきたのかに焦点を当て、米軍統治から日本「復帰」に至る経緯を、一九六五年以前と以降の二節に分けて概観する。

沖縄の帰属の問題化―一九四〇年代〜一九五六年

まず、第二次世界大戦後、沖縄の帰属が問題化していく過程を振り返ってみよう。この時期、沖縄が米国の占領下に置かれたにもかかわらず、日本では戦前と同様に沖縄は日本の一県として認識されていた。沖縄では当初は独立論もみられたが、日本が新たな平和憲法を持つ一方、米国が引き続き沖縄を統治することが明らかになっていくにつれ、日本への復帰論が高まった。このため、一九五一年にサンフランシスコ講和会議で平和条約が調印されるにあたり、米国政府は同条約の第三条を根拠に沖縄の排他的統治を継続しつつも、日本に「潜在主権」を認めた。

一方で、中華民国の国民政府は、一九四〇年代前半には「琉球」の中国返還をめざしており、その意向を知った米国のルーズベルト大統領も、カイロ会談の時に沖縄の帰属に対する蔣介石《しょうかいせき》の意思を確認した。しかし、事前に国民党内部の意見対立を知った蔣介石は、この時は米中の共同信託統治を提案した。終戦後に中国大陸で「琉球」奪回論が高まると、蔣介石は一九四八年に結成された琉球革命同志会を活用し、沖縄を独立に向かわせようと考えたが、国共内戦に敗北し、翌年末に台湾に撤退したため、一時期は沖縄の帰属問題に対する影響力を失った。

これに対し、内戦に勝利した中国共産党は、一九五〇年に始まった朝鮮戦争に介入し、米国と交戦したために、米国を管理当局とした信託統治のもとに「琉球」を置くことに反対するようになった。また、朝鮮戦争中に沖縄の米軍基地が北朝鮮への攻撃に使用されたため、北朝鮮が沖縄を「米帝の朝鮮侵略基地」とみなした一方、敵対していた韓国は逆の立場から、自国の安全に対する沖縄の米軍基地の重要性を認識するようになった。しかし、韓国及び北朝鮮も含め、東アジアの国々はサンフランシスコ講和会議に招請されることはなく、米国が沖縄を引き続き排他的に統治すると決定される過程に、それらの国々の意思が反映されることはなかった。

このように沖縄の帰属が決定された後、韓国政府と国府（中華民国政府）は反共という理念のもとに連携しつつ、沖縄に関心を寄せていく。一時期は影響力を失っていた国府は、一九五三年一二月の奄美《あまみ》返還を機に、沖縄の地位に変更がある場合は、国府を含む日本の戦後処理に関わった連合国との協議が必要だと主張するようになった。そして、一九五四年に両国はAPACL（アジア民族反共連盟）を結成し、「琉球独立」を主張する琉球革命同志会の蔡璋《さいしょう》を「琉球代表」として参加させ、支援しようとしたのである。

それでは、蔡璋自身はなぜ「琉球」の独立を主張していたのだろうか。蔡の活動の変遷については以前の章でも触れたが、ここで再度彼自身の著作などを参照しつつ、その独立論について検討しておきたい。

蔡璋の琉球独立論

蔡は、一九一〇年代に那覇《なは》市で生まれ、小学校卒業後は父親の仕事の関係で東南アジア

図11　1972年10月に，謝東閔台湾省政府主席（左）と話し合う蔡璋（国史館提供）

などを転々とした。そして、日中戦争の勃発後に南京の戦線に送られたことをきっかけに、中国、そして台湾で活動することになった（成田二〇二〇、三六頁）。

一九五一年に、蔡は台湾で『琉球亡国史譚』（蔡璋一九五一）という本を発行している。これは、主に「琉球処分」とその後の日清交渉の流れや、戦後の対日講和条約をめぐる交渉過程について紹介し、琉球の歴史・文化・地誌・戦略的な価値・産業経済・民族運動・現況についても付録として説明したものだった。序文では、七〇年にわたる日本の統治期を「奴隷の如き生活」として描く一方、中国と「琉球」

の二〇〇〇年来の密接な関係を強調し、中華民国の人々に「中琉一体」の実現のための共同の努力を呼びかけている。「中琉一体」の主張はその後変化していくが、蔡の独立論で特徴的なのは、琉球処分を日本による「琉球侵略」あるいは「植民地化」とみて、そこからの解放を求めている点だと考えられる。

一九五三年八月以降、奄美群島の返還が日米間で議論された際も、蔡は一〇月から一一月にかけて奄美返還に反対する言説を流布させ、このことが立法院や国府外交部が米国に対し申し入れを行うきっかけとなった（成田二〇二〇、五四頁）。蔡はしばしば投稿していた『中國一周』という文芸雑誌に寄稿した「奄美大島の史実」という記事でも、奄美と沖縄の民俗的・歴史的つながりを強調しているが（『中國一周』一九五三年一二月七日）、同時期に金門《きんもん》島の地元紙である『正氣中華』に掲載された記事では、奄美返還に反対する理由として「過去は歴史のため、現在は反共のため、将来は侵略を防止するため」と述べている（『正氣中華』一九五三年一二月三日）。蔡が『琉球亡国史譚』を書き終えたのは一九四九年三月とされており、この時点で中華民国は大陸にあったが、一〇月に中華人民共和国が建国されたため、蔡は中琉一体から反共へと主張を変えたのではないかと考えられる。

また、同じ『正氣中華』の記事で、蔡璋は「琉球」の共産党（人民党）が行っている活動は日本共産党の指示を受けたものだとし、琉球人民や琉球共和党（以下、共和党）、琉球独立党とともに琉球革命同志会が有効な対策をとっているとも語っている。一九五二年八月の時点で共和党と社大党の一部が合流して琉球民主党が結成されており、琉球独立党が存在したかどうかも不明であるため、発言が真実であったかどうかは疑わしい部分があるが、「国府の対琉球政策の変容」の部分でも確認したように、沖縄でも蔡璋に呼応する少数の人々は存在していた。次に、その協力関係がどのようなものであったかをもう少し詳しくみてみよう。

沖縄の独立論者との協力

戦後初期の沖縄には独立論があったことに触れたが、一九四七年に独立論を主張する沖縄民主同盟の党首となった仲宗根源和《なかそねげんわ》は、一貫して沖縄の独立を唱えた。仲宗根は、初期の演説会の際に、日本に復帰すれば「租借地として永久に浮かばれない民族にならなければならない苦しい立場になるのは当然」だとする一方、独立共和国となった場合は、「アメリカと親善関係を結びアメリカの主権の下に置かれた場合でも市民権を認めてくれる」と語った。ただ、一九五〇年九月に行われた沖縄群島議会議員選挙に出馬したが落選し、民主同盟が共和党へと発展解消した後も組織部長として加わっているが、新たに結成された琉球民主党には加わらず、その後は評論家という肩書で各主席などのブレーン的な役を担った（比嘉二〇〇四、二四四頁、櫻澤二〇〇八、一〇～一一頁）。また、一九五四年にAPACL沖縄支部結成呼びかけのために蔡璋が沖縄に来た時は、その準備委員会にも参加した（『琉球新報』一九五四年一一月七日）。しかし、管見の限り、仲宗根はそれ以降APACLの活動には参加していないと思われる。

一方、一九五四年からAPACL沖縄支部に関わり、一九五八年には蔡とともに中琉文化経済協会及び琉球国民党でも要職に就いた大宜味《おおぎみ》朝徳《ちょうとく》は、戦後初期に米国による信託統治を主張する沖縄社会党で中心的な役割を果たした。

沖縄社会党は、一九四七年の結成時点では「我党ハ琉球民族ノ幸福ハ米国帰属ニアリト確信シ産業教育文化ノ米国化ヲ期ス」ことを政策として掲げていたが、次第に政策をより説得力のあるものへと修正し、一九五〇年の段階では次のような新政策を発表した（島袋一九八三、五八〜六〇頁）。

一、アメリカの世界政策を支持し世界平和の建設を期す

二、信託統治により琉球文化の向上を期す

三、防共精神を強化し民主政治の実現を期す

結局、沖縄社会党の政策は、日本への復帰論が優勢となった状況では受け入れられず、党自体も一九五二年に解散した。しかし、米国との協調及び防共（反共）は、APACLの主張とも重なる部分があり、これが蔡と大宜味が協力する要因になったのだと考えられ

る。

なお、比嘉康文《ひがこうぶん》は、一九五八年の琉球国民党の結成について、大宜味が蔡に呼びかけ、綱領や宣言は蔡が台湾から送ったものをそのまま採用したとしている（比嘉二〇〇四、一七八頁）。綱領では、「我が琉球は七十年来の権力的支配に因り貧困、虐待、恐怖、劣等化の驚く可き非民主的な受難な民族苦を体験した。然るに今次大戦に因り日本の無条件降服（ママ）、ポツダム宣言、カイロ宣言の受諾に依り琉球は完全に日本より離脱した（中略）吾々は此際米琉政治の調整を計り速かに琉球の民主的自治の政治基礎を確立し、光輝ある琉球の隣邦友交の伝統を継承し民主国家を建設し琉球人の優美なる特性を発揮すると共に隣邦諸国と提携し世界の自由主義諸国と強く手を結び反共陣営の強化に協力し以て連合国憲章の目的を達成に寄与せんとするものである」（琉球国民党結成届について〔RDAE006163〕沖縄県公文書館）というように、日本からの離脱と民主国家の建設、近隣諸国との提携が唱えられた。しかし、これまでに確認したように、彼らの主張が沖縄で支持を集めることはなかった。

日本復帰論の台頭—一九五六〜六五年

以上のように、米国の沖縄統治が始まってからしばらくの間、独立論が力を持つことはなく、沖縄の復帰運動は弾圧されていた。しかし、朝鮮戦争後に米軍が基地を拡大・強化するために沖縄で強権的に土地収用を行うようになると、一九五六年に沖縄でこれに反対する大規模な島ぐるみ闘争が起きた。その後、沖縄では基地が多い中部地域の青年層を中心に日本復帰論が高まり、一九六〇年には復帰運動を進める母体となる沖縄県祖国復帰協議会（復帰協）がつくられ、徐々に復帰運動が高まった。これを受け、日本でも以前より沖縄に関心が集まるようになり、一九六四年に首相に就任した佐藤栄作《さとうえいさく》は、米国の東アジア政策に同調しつつ、沖縄返還をめざしていく。

同じ時期の東アジアの状況に目を移すと、島ぐるみ闘争の前は、日本・米国と同じ自由主義陣営に属する韓国政府と国府は、沖縄の自治・独立を望み、ＡＰＡＣＬに参加した「琉球代表」の蔡璋を引き続き支援していた。一方、両国と対立する中国・北朝鮮は、米国の統治が続くことに反発しつつも、それほど積極的な反応はみせていなかったとみられる。しかし、島ぐるみ闘争をきっかけとして、沖縄の人々が独立よりも日本への復帰を望んでいることが明らかになると、両国は沖縄・日本の復帰／返還運動に対する共感を示すようになっていく。そして、一九六三年二月の第三回アジア・アフリカ人民連帯会議で沖縄が日本から分断された四月二八日を「沖縄デー」とすることが決定されると、両国でこれに関連して新聞報道や集会などが行われ、特に北朝鮮においては、沖縄が復帰するまで連帯の意思表示がみられた。

これに対し、韓国政府と国府は、島ぐるみ闘争を受けてそれぞれ沖縄との関係を強化しようと試みるようになる。特に、これまで確認したように、国府側は一九五八年に中琉文化経済協会と琉球国民党の結成を支援し、両組織ではＡＰＡＣＬ沖縄支部のメンバーが要職についた。しかし、これらは沖縄では支持を得ることはできず、一九六〇年四月に韓国の李承晩《イスンマン》政権が崩壊すると、国府は次第に琉球革命同志会を活用して沖縄の自治・独立を促す方法から、米軍基地の維持を前提とした文化・経済交流の促進へと傾いていった。このように、一九五六年の島ぐるみ闘争をきっかけとして、沖縄現地の人々が独立ではなく日本復帰を望んでいることが徐々に明らかになると、各国もこれを前提として沖縄に対する態度を表明するようになったのである。

それでは、韓国政府はなぜ沖縄の自治・独立を支援しようとしたのだろうか。次に、これまでの章で扱うことができなかった、一九五〇年代後半の李承晩政権の関与についてみてみよう。

李承晩の琉球独立保障論

蔡璋の主張に最も熱心に賛同していたのは、蔣介石よりも韓国の李承晩だったと思われる。鎮海《チネ》で第一回APACL会議が開かれた時、李承晩は蔡とも会見し、「沖縄の独立運動で韓国が手伝うのはないか」と尋ねたという（喜友名一九八三、一二九頁）。李承晩自身も、米国が今後一定の期間沖縄を領有する必要があると発言したとされる米国の下院議員にあてた手紙で、「琉球は韓国のように日本が武力によって占拠し、極度に搾取される時までは、独立的な島嶼王国であった」（『京郷新聞』一九五七年八月二三日）と書いたことがあり、韓国と沖縄の歴史的な立場を類似したものと捉えていたことがわかる。

また、一九五六年の島ぐるみ闘争以降、日本政府が沖縄への関与を深めようとすると、韓国政府公報室長は翌年一月に、「『琉球』の自由と独立は保障されねばならない」という談話を発表した（公報室一九五七、一一～一二頁）。これは韓国民とその他自由アジア国民に対し、「琉球列島を再び植民地状態に還元しようとする日本の新たな要求を断固として排撃せねばならない」と強調するものだった。

この談話の冒頭では、三年前にAPACLが結成されて以来、「沖縄をはじめとした琉球列島の諸島嶼に対し日本が侵略的な野望を抱いている」と蔡璋が不断に警告していることが指摘され、琉球が以前は独立国であり、独立を望み得たにもかかわらずそうなっていないのは、米国が積極的な行動をとれなかった結果、日本の新たな帝国主義者が力を得たせいだとしている。そして、「日本の侵略により甚だしい苦難を経てきた韓国は、琉球列島を再び侵略しようとする日本の試みに反対する先鋒に立たずにいられない」として、以下のように続けている。

我々が強調しようとすることは、第一に琉球住民は伝統的に独立を享受してきており、再び独立を回復する資格があるということと、第二に日本は米国と自由世界から遠ざかり、共産陣営に接近しているということだ。

日本が再び琉球を所有するようになれば、まず台湾、フィリピン及びその他東南アジア国家が侵略の危険を受けるだろうし、最終的には共産主義との戦争における米国の重要基地の一つがなくなるだろう。

我々韓国民は韓国を侵犯しようとする日本の新たな企図を粉砕しなければならなくなった。日本は植民主義の野望を抱いており、これは我々にも向けられている。このため、我々は琉球とその住民たちの立場に同情できるのだ。

韓国は米国が積極的な行動をとり、日本帝国主義者たちの悪だくみを粉砕し、琉球とその住民の自治と独立を保障することを要求するところだ。

この談話が掲載された韓国政府公報室が発行した冊子には、「琉球問題考察─別名沖縄問題の小考―」という筆者不明の論も掲載されており、この結論では、「琉球の燦爛《さんらん》たる文化と歴史を誇る全体琉球民は、琉球が再び昔の姿に戻り、自由と独立を享受することを熱願しており、現在海外、海内の革命闘士たちは団結してこの聖なる仕事のために果敢な闘争を展開しているため、我々韓国人も彼らを積極支援し、一日も早く彼らの熱願が成し遂げられるようにせねばならないことは言を俟たないだろう」とされている。

実際に、韓国で沖縄を支援する大きな勢力が生まれることはなかったが、李政権は崩壊するまで、共産主義への警戒や歴史に基づく反日感情をもとに、沖縄の独立・自治を支持する姿勢を示し続けた。

蔡と韓国政府の関係の変化

それでは、蔡自身は李承晩をどのように捉えていたのか。蔡が一九八三年に当時を振り返って書いた文章では、第一回APACL会議で李承晩が独立への協力を申し出た時、「負目をもつことの必要限度というものを感じたせいか、『ノン』の応答しかでき」なかったことを悔やんでいる（喜友名一九八三、一二九頁）。ただ、「「琉球」の帰属をめぐって」の章で触れたように、蔡自身も沖縄を訪れた際に鎮海会議での李の発言を引用しており、一九五七年に公報室が先述の談話を発表した際も韓国外務部に謝意を表明していることから（『朝鮮日報』一九五七年一月二〇日）、協力関係にあったとはいえるだろう。

　しかし、島ぐるみ闘争後、蔡と韓国政府の関係にも若干の変化がみられるようになった。「国府の対琉球政策の変容」の部分で国府の立場の変化について触れたが、李承晩政権もまた沖縄での蔡の影響力のなさを知り、琉球政府と直接通商面での関係を強化しようと試みたのである。そのきっかけは、一九五七年二月に行われた崔徳新《チエドクシン》駐南ベトナム韓国大使の沖縄への派遣だったと考えられる。崔の訪問の目的は、沖縄の状況の視察以外に、沖縄の人々が将来を決定する時、日本人だけではなく韓国・米国・中華民国の三国との協調が必要だと説得することもあったとされる（「崔徳新前外務部長官と金亜洲局長の沖縄問題に関する面談要録」一九六九年三月一五日、『返還問題一』）。実際に沖縄を訪れた崔は、期待に反し、米国が「琉球人を真の「民族自決」と「独立」の目標に導くため」のいかなる積極的な行動もしておらず、経済的な観点からも独立が難しいとみなしており、親日的な琉球人と米国の関係者の双方が蔡璋に良い印象を持っていないことを知ったのである（"KOLISA-57 Special Report N.01 Trip to RyuKyu," February 22, 1957, File 708, The Syngman Rhee Presidential Papers, 延世大学校学術情報院国学資料室所蔵）。崔は最終的に、沖縄の将来の地位を決定するための韓米台日の四ヵ国共同委員会の結成と、（朝鮮半島の）南北統一と中国その他共産主義の脅威が除去されるまでの沖縄の現状維持を李大統領に対し建議したが、これが実現することはなかった（「琉球（沖縄）問題―問題点と政府立場」一九六九年三月一七日、『返還問題一』)。

しかし、一九五八年になると、韓国の米穀の沖縄への輸出に関して双方の利害が一致したことから、一時的に韓国政府と琉球政府との間の通商をめぐる交流が盛んになった。当時琉球政府経済局長だった西銘順治《にしめじゅんじ》らは、訪韓の際に韓国の反日感情を気にしていたが、対応した李承晩大統領らは、日本軍閥の圧政に苦しみ抜いてきたという「琉球」と韓国の類似性をあげ、琉球の独立を示唆するなどし、歓待したとされる(『沖縄タイムス』一九五八年一二月一八・二七日)。このためか、翌年通商使節団の団長として訪韓した稲嶺一郎《いなみねいちろう》も、韓国の記者の取材に対し、「(韓国と沖縄は)日本帝国主義の圧迫をともに味わい、再び同じように新たな運命を開拓しようとしているのだから、将来いくらでも深い絆を結んでいくことができるのではないですか」と両地域の歴史の類似性について言及した(『自由新聞』一九五九年七月七日「琉球通商視察団　自由新聞掲載」[0000031001]沖縄県公文書館)。ただし、李承晩政権の崩壊などにより、通商関係はそれ以上は発展せず、朴正熙《パクチヨンヒ》政権は成立以降、しばらく沖縄に強い関心を向けることはなかった。

「復帰」をめぐって

沖縄返還交渉の本格化――一九六五〜六九年

一九六五年に入って米国が本格的にベトナム戦争に介入し、沖縄や日本の米軍基地を活発に使用し始めると、沖縄返還／祖国復帰運動はベトナム反戦運動とも結びついてさらに高まり、このような状況を背景として、日米間で沖縄返還に関する協議が本格化していく。

これに対し、国府は以前と同じように、沖縄を日本に返還することに疑問を提起した。しかし、新たに成立した韓国の朴正熙政権は、一九六五年六月に日韓会談を妥結させ、直後にベトナムへ韓国軍を派兵するなど米国の対東アジア戦略に積極的に協力し、沖縄返還問題に対しては当初は関心をみせなかった。ところが、韓国のベトナム派兵に反発した北朝鮮が軍事境界線付近で韓国に対する挑発行為を増加させ、朝鮮半島情勢が悪化すると、一九六八年以降は沖縄返還問題を自国の安全保障と結びつけて認識するようになっていった。

一方、一九六八年初めの朝鮮半島での軍事的緊張の高まりをきっかけに、戦略爆撃機B五二が沖縄の嘉手納《かでな》基地に配備され、その後状況が悪化したベトナムへの出撃を始めた。このため、沖縄では基地の存在のためにベトナム戦争に加担させられているという加害者意識も生まれ、このことが同年一一月の初の主席公選選挙における革新側の屋良朝苗《やらちょうびょう》の当選につながった。その直後に起きたB五二墜落爆発事故を受け、沖縄では翌年の二月四日にゼネストが計画されるような事態となり、主席選挙後の沖縄の状況に危機感を強めた日米両政府は、一九六九年三月以降、本格的な沖縄返還交渉を始めた。しかし、反戦的な日本世論を受けて日本政府が「核抜き・本土並み」の交渉方針を示すと、韓国政府と国府は再び協力し、沖縄の日本帰属は容認しつつも、米軍基地の機能を維持するように日米両政府に対し働きかけを行った。これに対し、日米両政府は両国の働きかけが日本世論を刺激しないよう、両国が交渉に介入することを抑えつつ、沖縄の基地機能を維持する方向で交渉を進めた。そして、一九六九年一一月に佐藤・ニクソン共同声明が発表されるにあたり、交渉の経緯と日米両政府の意図を秘密裡に韓国政府と国府に伝えた。

これに対し、中国・北朝鮮では、一九六八年以降は復帰協のスローガンである「即時無条件全面返還」への支持が表明されるようになった。両国の機関紙は、佐藤・ニクソン共同声明で示された沖縄返還合意を、日米による侵略的な軍事同盟を企むものと捉え、「米帝国主義」と「日本軍国主義」の結託だとして非難を強めた。以上のように、沖縄返還交渉が本格化するにつれ、韓国・中華民国は沖縄が日本に復帰することを認めつつも、安全保障上の観点から基地機能の維持を求めたのに対し、中国・北朝鮮は復帰運動を推進してきた住民側のスローガンである、日本への「即時無条件全面返還」を支持し、日米両政府による沖縄返還合意に対する批判を強めるようになったのである。

琉球革命同志会の孤立化

それでは、一九六五年以降、琉球独立を主張する琉球革命同志会はどのような活動を行っていたのだろうか。

これまでみてきたように、一九六五年にAPACLの世界反共連盟への発展解消が決まり、翌年末には蔣介石が「琉球工作」を琉球革命同志会を利用する方法から文化・経済交流の促進に変えるよう求めた。このようななか、蔡は翌六七年二月、沖縄で起きた傷害事件に関わっていると疑われ、台湾側の拠点を失った（八尾二〇一一、一五頁）。

その後の蔡の動向は明らかではないが、沖縄の世論が独立に傾くことはなかった。一九六八年一一月の初の主席公選選挙には、与那国《よなぐに》島出身の独立論者である野底武彦《のそこたけひこ》が、「道理」や「正義」の支配する社会・国家の樹立などを求め出馬したが、保革の激しい対立のなかでは泡沫候補として扱われ、主張自体がほとんど取り上げられなかった（比嘉二〇〇四、一二〇頁）。

沖縄返還交渉を前にした一九六九年三月、韓国の朴正熙政権は、駐日韓国大使館を通して沖縄の情勢を探らせた。自民党関係者などから情報を得た駐日大使館は、「日本の対米沖縄返還要求が積極化するにつれ、現在では日本への復帰が当然な帰結だという考えが支配的になっており、（中略）独立論を主張する者はごく少数に過ぎない状態だ」（「JAW―〇三一七八、発信：駐日大使、受信：外務部長官」一九六九年三月一四日、『返還問題一』）と報告した。その後沖縄問題に対する方針を検討した韓国外務部は、これまでみたように、沖縄住民や日米両政府の意向が復帰／返還で一致していることを勘案し、極東の安全のための必要な保障措置がとられるという条件下で、日本返還の原則自体には反対しないという立場をとると決めた。

一方、台湾から追われた蔡璋は、この時期も韓国政府が独立を支持することに望みをかけていたのではないかと思われる。日付は不明だが、蔡が同時期に朴正熙大統領宛に琉球国独立を請願する手紙を送っているためである。ここで蔡は、第二次世界大戦後の琉球が独立と自治の道を歩もうとしたが、それが日本の影響力の強さによって阻まれたと強調し、

「琉球は決して日本の固有の版図ではなく、またいかなる国家の植民地でもないため、琉球の将来の政治的帰結は当然自治を回復し、独立の元状態に戻さなければなりません」とした。そして、朴が琉球の将来について米国・中華民国・東南アジア各国などと共同で協議し、琉球の自治と独立を促進し、東北アジアの共同防衛体制の確立が実現することを願っていると述べた（蔡璋が朴正熙大統領にあてた手紙、日付不明、『返還問題一』）。しかし、既に立場を変えた韓国政府は、三月末には蔡の手紙には回答しないと決定した（成田二〇二〇、二二七〜二二九頁）。

蔡は四月にも、朴にあてたものと同様の手紙を崔圭《チェギュ》夏《ハ》外務部長官宛に送り、五月には、ベトナム参戦七ヵ国会議で韓国側が軍事的な観点からのみ琉球の政治的地位を捉えていることに不満を示し、「施政権が日本という植民国家に掌握されて、どうして貴国或は米国、其他アジアの自由国家の望む反共基地の役割を果たすことができるでしょうか」と訴えた（『返還問題一』に所収）。しかし、韓国政府はこれを黙殺したとみられる。

「沖縄人の沖縄をつくる会」と台湾・韓国

一方で、「戦争の記憶と「復帰」運動」の章で言及したように、この時期には保守派の政治家や経済人の一部が、「琉球議会」や「沖縄人の沖縄をつくる会」などの復帰に抗する団体を結成するようになった。特に、「沖縄人の沖縄をつくる会」に関しては、中琉文化経済協会の

図12　1968年5月3日に訪台した琉球商工会議所のメンバーと総統府での記念撮影（國史館提供）
蔣介石（中央）の左側が国場幸太郎，右端が方治．

方治《ほうち》理事長との交流が影響を与えたと考えられる。例えば、一九六七年一二月の『沖縄グラフ』の台湾特集に掲載されたインタビューでは、方は沖縄に対する考え方として、「琉球は昔から植民地ではない。琉球は琉球人の琉球です。（中略）日本復帰論もありますが、琉球はアジア平和のための要になっています」と答え、沖縄を返還すると言ったケネディの発言に中華民国は賛成していないと述べた。そして、「お国の松岡《まつおか》（政保《せいほ》）、大田《おおた》（昌知《しょうち》）、国場《こくば》（幸太郎《こうたろう》）、稲嶺（一郎）先生らもよくご存じのはずです」などと保守側の人々との関わりについても触れているためである（『沖縄グラフ』一九六七年一二月号、七頁）。

さらに、沖縄返還交渉の最中である一九六九年八月、方は一九六五年から琉中協会の会長を務めた沖縄経済界の重鎮である宮城仁四郎《みやぎじんしろう》に対し、軽率な日本返還を防ぐため、佐藤首相の訪米前に琉球の著名な財界・文化人の連名による「復帰反対」の声明を沖縄の三大紙と米紙に発表させることを提案した。この際に、宮城は「決して日本からの圧力に屈することなく、沖縄が日本統治時代の悲惨な境遇に置かれることを願わない」と公言したとされる（成田二〇二〇、二八〇頁）。

そして、一〇月に結成された「沖縄人の沖縄をつくる会」には、国場幸太郎などの経済人や、山里永吉《やまざとえいきち》などの学者・文化人が名を連ね、会長には当間重剛《とうまじゅうごう》元琉球政府主席が就任した。同会は、「大衆生活を破壊する七二年復帰に絶対反対！」「復帰の時期は『住民投票』で決めよ！」などの六つのスローガンを掲げていた（「沖縄人の沖縄をつくる会」の宣言及びスローガン、『米国・日本間沖縄返還問題、全二巻』V．二 一九六九．七―一二月〈分類番号七二二・一二JA／US、登録番号二九五九〉韓国外交史料館（以下、『返還問題二』と表記））。方は、この会の結成を国府が長年沖縄の政界や財界、文化界に対し行ってきた働きかけの成果とみなし、国府外交部に報告した（「琉□（判読不能）字第八五九号、発信：方治中琉経済文化協会理事長、受信：外交部」一九六九年一〇月一七日、『琉球政情』〇一九．一一／〇〇〇三、中央研究院近代史研究所檔案館）。実際に、会の結成の意図に反して復帰は実現するが、方と沖縄の保守側の人々の交流は、一九七二年の日中国交正常化に伴う日台断交後も続けられた（小松二〇二二）。

興味深いことに、当間はこの会の結成に関する英文の手紙や資料を韓国外務部にも送り、協力を求めている。手紙では、「戦前の日本統治下における悲しく辛い経験と、一九七二年に計画された復帰後の沖縄県民の福祉、経済、その他の問題に対する日本側の明らかな無関心」が会の結成の理由とされており、特に「日本の関心と興味は軍事戦略だけで、一〇〇万人の沖縄県民を温かく迎え入れようとはまったく考えていない」（傍線は原文ママ）という点が強調された（Jugo Toma, President of the Association to Build Okinawa for the Okinawans to Secretary of Foreign Affairs, Government of the Republic of Korea, October 12, 1969,『返還問題二』）。しかし、韓国政府はこれに対しても特に反応は示さず、主に安全保障の面から沖縄返還交渉に注目し続けた。

冷戦構造の固定化と反復帰論の萌芽 ―一九六九〜七二年

その後も、一九七一年六月に沖縄返還協定が調印される前まで、東アジア諸国の間では一九六九年時点と同じような日米韓台と中朝の対立という、沖縄返還をめぐる構図が維持されていた。しかし、翌月から明らかになる米中の接近に伴い、これまで東アジアの米軍の存在に批判的だった中国政府首脳部が、次第に米軍を日本の軍事大国化を防ぐ「瓶の蓋」として認めるようになったため、この構図は大きく変化していく。北朝鮮が最後まで「即時無条件全面返還」に対する支持を表明し続けた一方、米中接近に影響を受けた韓国が中国への態度を和らげたため、強固な反共国家としての韓国と中華民国の提携関係も変化していった。しかし、そのようななかでも、朝鮮半島の南北と台湾海峡の両岸の対立は解消されず、沖縄の米軍基地に自国の安全を委ねる韓国と中華民国の姿勢も変わらなかった。

「復帰」が現実化し、それに伴う沖縄への自衛隊配備が具体化するにつれ、沖縄現地では沖縄返還協定と自衛隊配備に反対する運動が高まり、沖縄戦の記憶が反芻《はんすう》されるようになる。沖縄内部の保守と革新の対立はより明確化したが、沖縄住民の「即時無条件全面返還」という主張を代弁する琉球政府の意見が反映されないまま、日米間で復帰後の沖縄のあり方が決められることには、保革の双方で反発や疑念が強まった。しかし、沖縄住民の意思は十分には顧みられず、一九七二年五月、基地を維持したままの沖縄の施政権の返還が実現することになった。

なお、以前の章では触れていないが、この時期にも、日本復帰とは異なるあり方を求める少数の人々の主張がみられた。復帰そのものを拒否しようとした反復帰論と、一九七〇年に結成された琉球独立党である。

反復帰論は、当時沖縄タイムス記者だった新川明《あらかわあきら》・川満信一《かわみつしんいち》や、琉球大学教授だった岡本恵徳《おかもとけいとく》らが唱えたことで知られている。その主張は人によって異なるが、「沖縄民族意識に依拠することにより、日本という国家を否定する思想」という点で共通しているとされる。ただし、彼らは国家そのものを否定したため、国家としての沖縄の独立にも否定的であった。このため、新川をはじめとした反復帰論者は、「沖縄住民の国政参加特別措置法」に基づいて復帰前の沖縄で行われた、衆参両院議員選挙（いわゆる国政参加選挙）に際し、「日米両政府による沖縄返還を認めることになる」として拒否するよう訴えた（小松二〇一五、一二九〜一三〇・二〇一〜二〇二頁）。

琉球独立党は、「沖縄人の沖縄をつくる会」に参加した一部の人々が、一九七〇年七月に結成したものである。大衆金融公庫総裁などを務めた崎間敏勝《さきまびんしょう》が党首となったほか、野底武彦や山里永吉も参加していた。「沖縄人の沖縄をつくる会」は同党の母体となったが、日本政府の圧力や説得を受け、同年末には解体したとされる。一方、党首の崎間は一九七一年一一月に行われた参議院選挙に立候補し、七二年返還絶対反対を唱え、「私に投票した人も復帰反対の意思表示となる。（中略）この選挙は復帰反対の住民投票だ」と訴えたが、保革の激しい対立のなか、二六七三票を集めたのみだった（比嘉二〇〇四、九〇

～九一・九六～一〇〇頁）。とはいっても、沖縄の人々の意見が十分に反映されないまま「復帰」が実現した結果、当時唱えられた反復帰論や一部の独立論は、今も沖縄で影響力を保ち続けている。

以上のように、戦後から沖縄返還が実現に至るまで、沖縄では独立論は大きな力とはならず、むしろ戦後初期には韓国・台湾といった外部の地域の方が、独立王国だった沖縄の歴史に対する認識をもとに、反共国家としての沖縄の自治・独立に期待をかけていた。しかし、島ぐるみ闘争以降、沖縄の人々が日本復帰を望んでいることが明らかになると、両国は経済・文化面での交流にも目を向けるようになった。中華民国の場合は、特に中琉文化経済協会を通じて形成された人脈が復帰以降も続いていくが、韓国の場合は持続的な関係はつくられず、一九六〇年代後半になると、主に安全保障面から沖縄返還交渉を注視することになった。しかし、韓国・台湾では、次に触れる民主化を経て、反復帰論が持つ思想性にも近年注目が集まるようになっている。

沖縄返還五〇年を超えて――エピローグ

これまで、一九七二年に沖縄の施政権が日本に返還されるまでの過程を、沖縄・日本・米国の視点だけでなく、周辺の東アジア諸国の視点も交えながらみてきた。プロローグでも触れたように、北朝鮮の相次ぐミサイル発射や、中国の台湾周辺での軍事演習に対し、日本・米国・韓国が共同訓練をするなど、東アジアの対立構造が軍事的な緊張をもたらすという状況は変わっていない。ただ、米ソ冷戦が続くなかで抑圧されていた韓国及び台湾の一般の人々が、一九八〇年代後半以降進んだ民主化を経て自由に発言できるようになったことは、冷戦期とは大きく変わった点だ。そして、二〇二〇年初頭からのコロナ禍のために一度は世界的に行動が制限されたものの、現在は再び自由に国境を越えた移動ができるようになってきている。ここでは沖縄返還後の東アジア

韓国の民主化

の変化を概観した後、沖縄返還から五〇年余が経過した東アジアの現在について考えてみたい。

まず、沖縄返還後の韓国では、一九七二年一〇月以降、権威主義的な「維新体制」が敷かれた。朴正熙《パクチヨンヒ》大統領が同月に出した特別宣言により、非常戒厳令を伴う国会解散と政党・政治活動の中止、非常国務会議による国会機能の代行、国民投票による憲法改正、新憲法による秩序回復という一連の非常措置がとられたのが始まりだった。一一月に行われた国民投票で成立した維新憲法により、統一問題や憲法改正を話し合うための機関として新たに統一主体国民会議が設置されたが、代議員は親与党系によって独占されたため、朴大統領の再選はほぼ無条件で保障された。また、大統領緊急措置命令が広く認められ、国民の自由や権利は大きく侵害されることになった。このため、学生や知識人などが主体となり、持続的に民主化運動が展開された（木宮二〇二一、八〇〜八二頁）。

一九七九年一〇月に朴大統領が部下によって暗殺されると維新体制は終わりを迎え、外務部長官などを務めた崔圭夏《チエギユハ》が大統領になった。しかし、同年一二月に朴大統領殺害事件の捜査を担当した全斗煥《チヨンドフアン》国軍保安司令官を中心とする「新軍部勢力」が軍を掌握し、次いで翌八〇年五月には政党勢力や学生運動を徹底的に弾圧しつつ政治権力も掌握し、第五共和国の成立を宣言した（木宮二〇二一、九三〜九四頁）。

体制がある程度安定すると、全政権は内外の世論を意識して制限的な自由化措置をとった。このなかで、八五年二月に行われた国会議員選挙で民主化運動勢力が結成した新民党が躍進し、勢いに乗って翌年から大統領直接選挙制への憲法改正を要求する署名運動を民主化運動勢力とともに始めた。その後、体制側・民主化運動側の双方に内部対立が生まれ、状況は膠着したが、八七年四月に全大統領が改憲交渉を中断して大統領を現行の間接選挙によって選ぶと明らかにしたことから、六月にかけて大統領直接選挙制への改憲を求める民主化運動が全国的に盛り上がった。そして、同月二九日に与党の盧泰愚《ノテウ》大統領候補が大統領直接選挙制への改憲を含む民主化措置の受け入れを盛り込んだ「六・二九宣言」を発表したことから、大統領直接選挙を骨子とする改憲案が与野党合意で成立し、韓国では民主化が進み始めることになる（木宮二〇二一、一〇八〜一一〇頁）。

台湾の民主化

一方、一九七二年以降の台湾は、「国際環境の変化と「沖縄返還」」の章で米中接近について触れた時に述べたように、国際社会から孤立していくことになった。日本は米中接近に伴っていち早く中国との関係改善に乗り出し、佐藤栄《さとうえい》作《さく》政権に続く田中角栄《たなかかくえい》政権が同年九月に日中国交正常化を成し遂げた。この時、中国側は①中華人民共和国を唯一合法とする一つの中国の原則を認める、②台湾は中国の一省であり、台湾問題は中国の内政問題である、③「日台条約」（日華平和条約）は不法であり、破棄されねばならないという三点を国交正常化の条件として提示した。このため、日本は台湾と外交関係を断つしかなくなったが、文化・経済交流などの実質関係を維持しようと努力を払った。これにより断交後も日本側に財団法人交流協会、台湾側に亜東関係協会がそれぞれ設立され、領事機能を含む大使館業務の代わりとなる役割を果たすことになった（川島ほか二〇二〇、第四章）。

一九七五年になると、台湾では長く総統を務めた蔣介石《しょうかいせき》が亡くなり、副総統であった厳家淦《げんかかん》に次いで、蔣介石の息子の蔣経国《しょうけいこく》が七八年五月に総統に就任した。一方中国でも、指導者であった周恩来《しゅうおんらい》と毛沢東《もうたくとう》が七六年に相次いで亡くなるなど、国内的な混乱が起きた。しかし、翌七七年になると、米国が中国との国交樹立への動きを速める一方、日本も七八年頃から日中平和友好条約締結のための交渉を本格化させ、八月に同条約が調印されたのに次ぎ、七九年一月には米中国交樹立が宣言された。台湾では大きな衝撃が走ったが、米国が日本をモデルとした台湾との関係の維持を検討していたため、それ以上の関係維持を模索し、破棄された米華相互防衛条約に代わって制定された米国国内法の「台湾関係法」により一定の安全保障協力関係が続くことが明らかになると、米台関係も安定していった。このようななかで、それまでの権威主義的な国民党の一党独裁体制は揺らいでいく（川島ほか二〇二〇、第四章・第五章）。

同時期、台湾では二・二八事件以後に成長した台湾人指導者が、国外からの支援を受けつつ民主化運動を展開していた。この時期の台湾では新党の設立が禁止されていたが、反国民党勢力は一九七〇年代後半から地方選挙で結集するようになり、八六年には米国議会の支援も受けつつ戦後初めての野党「民主進歩党（以下、民進党）」を結成した。その綱領には、戒厳令の解除や台湾の将来を住民の自由意志により自主的に決めることなども含まれていた。国民党から結成を認められた民進党は、同年一二月の立法委員と国民代表の補充選挙で二五％の得票率を得た。

その翌年、台湾人の民主化運動と米国議会と政府の圧力のもと、一九四九年から三八年間にわたって施行された戒厳令が解除され、翌八八年一月には新聞の発行が自由化された。そして、その約二週間後の蔣経国の突然の死により、戦後の台湾史上初めて、台湾人の李《り》登輝《とうき》副総統が総統に就任する（伊藤二〇二〇、第一一章）。李登輝は、台湾人勢力の台頭のなか、国民党主席にも選ばれ、中華民国の台湾化と政治制度の民主化に尽くすことになった。ただし、中国がその後国際的な影響力を強めるにつれ、台湾と断交する国は増え、米ソの冷戦が終わりを迎えるなかで、韓国もまた一九九二年に中国と国交を樹立し、台湾とは外交関係を断つことになった。

「返還」後の沖縄

それでは、日本への「返還」後の沖縄の状況はどのようなものだったのか。沖縄では、初代県知事となった屋良朝苗《やらちょうびょう》が一九七六年に退任した後、その後継者として出馬した社大党の平良幸市《たいらこういち》が知事となり、革新県政が引き継がれた。しかし、平良が七八年に病気で辞任すると、同年一二月に行われた知事選挙では六八年の主席選挙で保守側の候補だった西銘順治《にしめじゅんじ》が当選し、その後一二年にわたって沖縄では保守県政が続いていく。

この間に、日米間では①日本への侵略の未然防止、②日本への直接武力攻撃への対応、③極東有事の際の日米の協力についての基本的な考えを示す「日米防衛協力のための指針」が七八年一一月に合意され、これに基づいて日米共同訓練や合同演習が沖縄周辺で行われるようになった。西銘知事は日本政府と緊密に連携し、日米安保体制も認める立場をとったが、基地問題の解決を訴えるため、八五年に沖縄県知事として初めて訪米するなど、沖縄の過度な基地負担については日米両政府に対し改善を求めた。その背景には、嘉手納《かでな》基地の周辺で八二年から住民たちが夜間の飛行差し止めと損害賠償を国に求めて裁判を起こしていたことや、復帰前に問題となったが七七年に五年延長された公用地法の期限が切れ、新たに沖縄のみに適用された駐留軍用地特別措置法（一九五二年に制定）をめぐり、反戦地主とそれを支援する革新系の組織や市民と政府との間で対立が深まっていたことがあった（櫻澤二〇一五、第五章）。

このようななか、一九八九年一一月に東西冷戦の象徴だったドイツのベルリンの壁が崩壊し、翌月米ソ首脳が冷戦の終結を宣言すると、沖縄では冷戦を根拠に置かれ続けてきた米軍基地の縮小や撤去に対する期待が高まった。そして、翌九〇年に実施された沖縄県知事選挙では、三期一二年ぶりに革新側の大田昌秀《おおたまさひで》が当選した。日本でも冷戦終結に伴い政治状況は混迷し、九三年八月には、日本新党の細川護煕《ほそかわもりひろ》を首班とする、一九五五年の自民党結党以来初めての非自民連立内閣が生まれた。その後、羽田孜《はたつとむ》内閣を経て非自民連立政権は短期間で崩壊し、九四年六月には社会党の村山富市《むらやまとみいち》を首班とする自民党・社会党・新党さきがけの連立政権が誕生したが、社会党はこれを機に、安保反対・自衛隊違憲から安保容認・自衛隊合憲へと立場を変えてしまった。

九四年に行われた沖縄県知事選挙で大田は圧勝するが、同時期に米軍の再編が進み、九五年二月に発表された米国防総省の「東アジア・太平洋安全保障戦略」（通称「ナイ・レポート」）では、アジア太平洋での米軍の「一〇万人体制の維持」がうたわれ、五月の日米合同委員会で、基地の整理統合も検討された。その後、同年九月に沖縄の米兵による少女暴行事件が起きたために、沖縄では反基地感情が高まり、事件への抗議のため復帰後最大規模の県民総決起大会が開かれ、その後も米軍基地の整理縮小や、日米地位協定の見直しを求める運動が続くことになった。

「核心現場」としての沖縄の発見

このような沖縄の状況の変化により、アジアの周辺諸国から沖縄に対し新たな視線が向けられるようになった。特に韓国では、沖縄を自国や台湾と同様の「核心現場」として捉える見方が現れた。これは、白《ペク》永瑞《ヨンソ》延世《ヨンセ》大学校名誉教授が提起した語であり、東アジア近代史において、中華帝国—日本帝国—米帝国と続く中心軸の移動によって位階化された東アジア秩序の歴史的矛盾が凝縮され、植民と冷戦の重なった影響のもとで空間的に大きく分裂させられ、葛藤が凝縮された場所を意味する（白永瑞著、趙慶喜監訳二〇一六、二八頁）。つまり、独立した中国の朝貢国から、琉球処分によって日本の一部に組み込まれ、その後米国の統治下に置かれた沖縄の歴史を、同様に中国の朝貢国でありながら韓国併合によって日本の植民地となり、戦後は分断されて米国の影響下に置かれた韓国の歴史や、清の直轄領から日清戦争後に日本の植民地となり、戦後は米国の支援を受けた中華民国の支配下に置かれた台湾の歴史と重ねる見方である。

沖縄・韓国・台湾の三地域は、いずれも「帝国」のはざまに置かれたために、その地域の人々の自己決定権が不当に奪われてきたという点で共通している。このような認識のもと、白教授は、「要石」の韓国語訳である「쐐기돌」という言葉が大きな石のようなもの

を割る時に使われる「くさび」の意味を持っていることにも触れ、沖縄の米軍基地が太平洋次元で冷戦秩序を緊密に維持しており、沖縄に冷戦期の矛盾が際立って集中しているという状況がそれを克服しようとする努力によって変われば、東アジアを平和に導くための善の循環が生まれる可能性があるとしている（白永瑞二〇二一、一三頁）。

そして、少女暴行事件後の沖縄の運動の高まりにより、沖縄と同様に米軍基地の被害に苦しんできた韓国の人々との間に直接的なつながりが生まれるようになった。韓国でも、朝鮮戦争後に米軍が常駐するようになって以来、数多くの米軍関連の事件や事故が起きたが、朝鮮戦争の時に米軍が韓国を守ってくれたという意識があるために、米軍に対する批判はタブー視されてきた（琴菁云著、成田監訳二〇二三、三一四〜三一六頁）。しかし、民主化後に沖縄の運動からも刺激を受け、不平等な韓米地位協定を見直そうという民衆運動が高まった。さらに、米軍用地強制使用の是非を問う公開審理の日程に合わせ、一九九七年には米軍基地に反対する運動を担っている韓国人四三名が沖縄を訪問し、翌年には、「米軍基地に反対する運動を通して沖縄と韓国の民衆の連帯をめざす会」（略称：沖韓民衆連帯）が立ち上げられた（新崎二〇一四）。韓国は今も北朝鮮との対立関係のために、在韓米軍が必要だという声は根強く、基地がある地域が限られているために、基地撤去をめざす人は多いとはいえない。しかし、それ以降も、韓国と沖縄の間では継続的にシンポジウムや相互訪問などの交流が続けられている。また、冒頭に触れたように、沖縄に関する書籍の増加に加え、沖縄戦中に沖縄に強制動員された朝鮮半島出身者に関する共同調査などを通じても、沖縄に対する共感と連帯は以前よりも広がりをみせている。

「台湾有事」論のなかで

一方で、中国が軍事力で台湾を統一しようとする「台湾有事」の可能性が近年議論されていることもあり、台湾側では沖縄の米軍基地の削減に賛成する人は多くはないと思われる。実際に、復帰後の沖縄県と中華民国政府の間にも、特に西銘県政期に復帰前からの交流を生かした友好的な関係が築かれたが（小松二〇二二）、それは沖縄の保守陣営が「反共」の側に立ち、米軍基地の重要性を認めるという点で考えが一致していたことも一つの理由だったと考えられる。また、韓国では沖縄と同様に米軍による騒音や事件事故などの住民の被害も報じられるが、台湾の米軍は一九七〇年代末の米中国交正常化を前に撤退し、二〇二一年に蔡英文《さいえいぶん》総統が米軍の駐留を七九年の米華断交以降、初めて公式に認めたものの、その数は極めて少ない。沖縄が日本に復帰して以降、むしろ台湾の安全保障上の沖縄米軍基地への依存度は増しており、この点で沖縄に対する共感は生まれにくいといえるだろう。

これに対し、「台湾有事」の際に再び沖縄が戦場になるという危機感から、沖縄では二〇二二年一月に「ノーモア沖縄戦　命《ぬち》どぅ宝の会」が発足した。中国の国力の伸長などによるパワーバランスの変化を背景に、日本政府が南西諸島の防衛力の強化を打ち出し、奄《あま》美《み》・宮古《みやこ》・八重山《やえやま》諸島を含む沖縄一帯で対空・対艦ミサイル網の構築に向けて工事が進められていることが背景にある。「ノーモア」は、ミサイル戦争が核戦争にエスカレートする可能性があるという専門家の指摘を受け、広島や長崎と同様に核によって命が消し去られることがないようにとの思いを込めてつけられたという。これと関連し、同年九月には、沖縄及び日本の市民により「台湾有事」「南西諸島有事」を起こさせないため、政治的な立場や意見・思想の違いを超え、台湾はじめ関係各国の市民と対話しようとする「沖縄対話プロジェクト」も発足した。しかし、翌二三年二月に開かれた一回目のシンポジウムの後、台湾と沖縄の間の相互理解が不十分なことも明らかになり、来沖した台湾の専門家の間でも、武力衝突の可能性については意見が分かれた（『沖縄タイムス』二〇二三年二月一一日・一二七日）。

一方、日本では「有事」を想定した議論が盛んである。もちろん、筆者自身も現在の東アジアの状況に不安を感じないわけではない。しかし、だからといって米国の安全保障戦略に日本が無批判に従っていればいいとは思われない。日本は一六世紀末の豊臣秀吉《とよとみひでよし》による朝鮮半島への出兵と、明治以降の周辺地域への勢力拡大の二度にわたってアジアの秩序を壊し、一時期は「大日本帝国」という支配者としてアジアの人々を抑圧する側に立った。

東アジアの戦後はその帝国の崩壊のなかから始まり、多くの日本人は日本に戻り、米国の占領を経た日本は平和憲法を持った新たな国家として独立することができた。一方で、同じく米国に占領された沖縄は基地の島と化し、植民地だった朝鮮半島と台湾でも米ソ・中華民国による新たな占領が始まり、その利害対立は現地の状況と相まって朝鮮戦争にまで発展し、一九五三年の停戦を経ても対立構造は維持された。沖縄の日本返還という大きな変化があっても、その構造はむしろ固定化され、現在に至るまで続いている。

東アジアの戦後史は、これまでみてきたように、日本とは決して無関係ではなく、「大日本帝国」の歴史がなければ違うものになっていたかもしれない。しかし、米国との関係を最重要視し、経済発展を遂げた戦後の日本には、自らが行ったことへの反省と、東アジアの人々の苦難に対する配慮が欠けていたように思われる。東アジアで軍事的緊張が高まりつつあるようにみえる今、改めて過去を振り返り、日本という国家が今後どのような選択をすべきなのか、真剣に考える必要があるのではないだろうか。本書で明らかにできたことはわずかでしかないが、現在の緊張が続く東アジアの状況を平和なものに変えていくために、本書が少しでも役立つことがあれば、望外の喜びである。

あとがき

本書の執筆依頼を頂いてから、あっという間に三年近くが過ぎてしまった。お引き受けした時は、自分がこのシリーズに書いてもいいのだろうかと不安はあったものの、二〇二〇年末に出版した単著（『沖縄返還と東アジア冷戦体制』）を基にというお話だったため、既に決まっていた単著の韓国語訳と同時並行で進められるのではないかと考えていた。

しかし、韓国語訳は想像以上に大変な作業であり、予定より遅れて出版できたものの、本書の執筆はなかなか進まなかった。さらに、沖縄返還五〇年と関連して思いがけず多くの報告・執筆依頼を頂き、加えて共同研究の一環で翻訳書も出版することになり、まとまった執筆時間が取れないまま二〇二二年度が終わってしまった。それでも、空いた時間に必死で書き進め、何とか秋までに入稿を終えた。長々とお待たせしただけでなく、構成も二転三転し、担当して下さった編集者の若山嘉秀さんには大変ご迷惑をおかけしてしまった。若山さんがいらっしゃらなければ、この本は完成しなかったかもしれない。

一方で、時間はかかったものの、研究を報告や原稿として発表する機会を頂いたために、単著で扱った内容をより深く調べ、本書の執筆に活かすことができた。紙幅の関係でお名前をあげることはできないが、お世話になったすべての方に、心からお礼を申し上げたい。本書の内容には、JSPS科研費15J07311、18J00693、21K13125及び公益財団法人りそなアジア・オセアニア財団の研究助成の成果も反映されている。また、校正の過程では、編集者の大熊啓太さんに大変お世話になった。

校正のために改めて原稿を読み返し、文章を書く過程で目にした様々な風景が思い浮かんだ。単著を出版した時はコロナ禍のただなかであり、二〇二一年に入って沖縄・韓国を再訪したものの、行く前の手続きは煩雑きわまりなかった。それでも二〇二三年以降は、以前とほぼ変わらずに国境を越えられるようになり、この間に沖縄・韓国・台湾をそれぞれ数度訪れた。どこに行っても変わらない人々の優しさ・親切さに触れる一方で、五〇年以上経っても変わらない基地負担と、その一因となっている分断状況という現実の重さを感じつつ、どの地域も再び戦争に巻き込まれてはならないという思いを強くした。

また、二〇二三年に入って沖縄・韓国の米軍基地の周辺地域を共同でフィールドワークしたり、本書にも一行だけ登場する、国防警備隊の「反乱」事件の舞台となった順天《スンチヨン》の研究機関の共同研究に秋から参加する機会を得て、冷戦期の東アジアの地域社会が置かれた状況の厳しさについてもいっそう考えさせられた。この事件は、同時期に済州島《チェジュ》で起きた「蜂起」の鎮圧命令を受けた国防警備隊がそれに背いたことをきっかけに始まったが、極度の反共主義をとった韓国社会において、この事件は長くタブー視され、真相究明及び犠牲者の名誉回復に関する特別法が制定されたのは、事件から七〇年以上が経過した二〇二二年となった。本書では、扱った史料の制約から、沖縄返還に至るまでの時期の韓国・台湾の人々の日常には目を向けることはできなかったが、今後、順天という一地域を通してでも、同時期の韓国の一般の人々の状況について知っていきたいと思う。

インターネットを通して多くの情報が得られるようになったとはいえ、現地を訪問しないとわからないことは多くある。これらの地域を訪れた際に、「観光地」の裏にある歴史にも思いを馳せ、対立ではなく共生の方向を考えるために本書が役立てばと願っている。

二〇二四年一月

成　田　千　尋

参考文献

未公刊文書

沖縄県公文書館
Record Group 59, General Records of the Department of State
Record Group 319, Records of the Army Staff
　Records of Edward O'Flaherty
Record Group 554, Records of General Headquarters, Far East Command, Supreme Commander Allied Powers, and United Nations Command

外務省外交史料館
　外務省外交記録H二二一―〇二一

韓国外交史料館
『APACL（아시아민족반공연맹）［APACL（アジア民族反共連盟）］』（分類番号七三六・三一、登録番号二一一）
『미국・일본간 오끼나와（沖縄）반환문제 전二권［米国・日本間沖縄返還問題、全二巻］』V.一 一九六九.一～六月（分類番号七二一・一二 JA／US、登録番号二九五八）
『미국・일본간 오끼나와（沖縄）반환문제 전二권［米国・日本間沖縄返還問題、全二巻］』V.二

一九六九.七～一二月（分類番号七二二・一二 JA／US、登録番号二九五九）
『미국・일본간 오끼나와（沖縄）반환문제、一九七一［米国・日本間沖縄返還問題、一九七一］』
（分類番号七二二・一二 JA／US、登録番号四〇一九）
延世大学校学術情報院国学資料室
The Syngman Rhee Presidential Papers
中央研究院近代史研究所檔案館
『亞盟』六四七／〇〇〇四
『蔣中正總統與佐藤榮作談話紀錄』〇一二.二／〇〇〇七
『琉球政情』〇一九.一一／〇〇〇三
『琉球地位、琉民待遇及國籍問題』六〇二／八九〇〇六
『琉球問題』四一九／〇〇〇六
國史館
『蔣經國訪日（三）』〇〇五-〇一〇一〇〇-〇〇〇一四-〇一〇
『總統事略日記六一・〇五～六一・〇六』〇〇二-一一〇一〇一-〇〇〇九七-〇〇七

公刊文書・資料集

U.S. Department of State, Foreign Relations of the United States: Diplomatic Papers, 1942, China（U.S. Government Printing Office, 1961）
U.S. Department of State, Foreign Relations of the United States: Diplomatic Papers, the Conference at

Cairo and Teheran, 1943（U.S. Government Printing Office, 1961）
U.S. Department of State, Foreign Relations of the United States, 1950, Vol. 7, Korea（U.S. Government Printing Office, 1976）
U.S. Department of State, Foreign Relations of the United States, 1964–1968, Vol. 29, Part 2, Japan（U.S. Government Printing Office, 2006）
U.S. Department of State, Foreign Relations of the United States, 1969–1972, Vol. 1, Foundations of Foreign Policy, 1969–1972（U.S. Government Printing Office, 2003）
U.S. Department of State, Foreign Relations of the United States, 1969–1976, Vol. 19, Part 1, Korea（U.S. Government Printing Office, 2009）
新垣栄一編『十周年記念沖縄縣青年団史』沖縄県青年団協議会、一九六一年
沖縄県祖国復帰協議会編『沖縄県祖国復帰闘争史 資料編、写真集』沖縄時事出版社、一九八二年
南方同胞援護会編『沖縄問題基本資料集』南方同胞援護会、一九六八年
南方同胞援護会編『沖縄問題基本資料集 追補版』南方同胞援護会、一九七二年
屋良誌編纂委員会編『嘉手納町屋良誌』字屋良共栄会発行、一九九四年
田桓主編『战后中日关系文献集 一九七一～一九九五』中國社会科學出版社、一九九六年

論文・雑誌記事など（日本語）

赤嶺 守「戦後台湾における対琉球政策—一九四五年～一九七二年の琉球帰属問題を中心に—」『日本東洋文化論集 琉球大学法文学部紀要』一九、二〇一三年

荒　敬「朝鮮戦争前後の在日米極東軍―戦争計画・沖縄『再軍備』計画・朝鮮原爆投下計画を中心に―」赤澤史郎ほか編『アジアの激変と戦後日本』現代史料出版、一九九八年
石井　明「中国の琉球・沖縄政策―琉球・沖縄の帰属問題を中心に―」『境界研究』一、二〇一〇年
大内照雄「朝鮮戦争下の灯火管制―占領―日米安保体制と憲法のはざまで―」『立命館平和研究』二三、二〇二二年
沖縄市秘書広報課「風のスケッチ」『広報おきなわ』三四四、二〇〇三年
喜屋武真栄「随想 私のなかの戦争と平和」『軍事民論』四五、一九七八年
喜友名嗣正「孤立無援であっても……」『新沖縄文学』五五、一九八三年
小林平造「沖縄の祖国復帰運動と青年団運動」『月刊社会教育』三六（六）、一九九二年
小松　寛「沖縄県による自治体外交と中台問題」平良好利・高江洲昌哉編著『戦後沖縄の政治と社会』吉田書店、二〇二二年
齋藤道彦「蔡璋と琉球革命同志会・一九四一～一九四八年」『中央大学経済研究所年報』四六、二〇一五年
櫻澤　誠「沖縄知識人の思想変遷について―仲宗根源和を例に―」『ノートル・クリティーク』一、二〇〇八年
島袋　邦「琉球国民党」『新沖縄文学』五三、一九八三年
孫　承喆「朝琉交隣体制の構造と特徴」河宇鳳ほか著、金東善ほか訳『朝鮮と琉球―歴史の深淵を探る―』榕樹書林、二〇一一年

竹茂　敦「台湾と朝鮮戦争—開戦初期の国府の対応を中心に—」『法政史学』七九、二〇一三年
笘米地真理「中国側からみる沖縄帰属問題—尖閣諸島問題を考える一視座—」『地方政治研究・地域政治研究』二（一）、二〇一五年
仲宗根悟・中根章・東武ほか証言「沖縄祖国復帰闘争と青年団運動—戦後沖縄青年運動史の証言（その一）—」『東アジア社会教育研究』一二、二〇〇七年
成田千尋「［インタビュー］昭和一桁世代の南洋移民経験と沖縄戦後闘争—有銘政夫氏に聞く—」『ノートル・クリティーク』七、二〇一四年
成田千尋「［インタビュー］全軍労OBが見た米軍施政下のRYUKYUSと基地—宮城邦治氏・豊光氏に聞く—」『ノートル・クリティーク』九、二〇一六年
成田千尋「沖縄返還と自衛隊配備」『同時代史研究』一〇、二〇一七年
成田千尋「米国の化学・生物兵器政策と毒ガス移送問題」『KOZA BUNKA BOX』一八、二〇二二年
成田千尋「解説　在沖米軍基地との比較から」琴普云著、成田千尋監訳『在韓米軍と韓国地域社会—米軍の基地運営と民軍関係政策　一九四五～一九七一—』溪水社、二〇二三年
河　宇鳳「文物交流と相互認識」河宇鳳ほか著、金東善ほか訳『朝鮮と琉球—歴史の深淵を探る—』榕樹書林、二〇一一年
波多野澄雄「沖縄返還交渉と中華民国・韓国」『外交史料館報』二七、二〇一三年
方治ほか「中琉文化経済協会理事長　方治氏沖縄を語る」『沖縄グラフ』一二月号、一九六七年
前田勇樹「琉球沖縄史の近世・近代転換期をめぐって—琉球処分と旧慣温存の研究動向—」『歴史学研

究』一〇二三、二〇二二年
松田康博「米中接近と台湾—情報統制と政治改革—」増田弘編著『ニクソン訪中と冷戦構造の変容—米中接近の衝撃と周辺諸国—』慶應義塾大学出版会、二〇〇六年
八尾祥平「一九五〇年代から一九七〇年代にかけての琉球華僑組織の設立過程—国府からの影響を中心に—」『華僑華人研究』八、二〇一一年
山﨑孝史「戦後沖縄の境界・領域と政治行動—領土の分離・統合と闘争のイデオロギー—」『史林』九〇（一）、二〇〇六年
若林千代「朝鮮戦争と沖縄—『知られざる戦争』を越えて—」『PRIME』四三、二〇二〇年

論文（英語）

Jon Mitchell, "Were U.S marines used as guinea pigs on Okinawa?," *The Asia-Pacific Journal* 51, No. 2 (2012)
Xiang Zhai, "Rewriting the Legacy of Chiang Kai-shek on the Diaoyu Islands: Chiang's Ryukyu policies from the 1930s to the 1970s," *Journal of Contemporary China* 24, No. 96（2015）

論文・雑誌記事など（韓国語）

公報室編「琉球의 自由과 独立은 保障되어야 한다［琉球の自由と独立は保障されねばならない］」『정보［情報］』一、一九五七年
公報室編「琉球問題考察—一名沖縄問題의 小考—［琉球問題考察—別名沖縄問題の小考—］」『정보［情報］』一、一九五七年

박영실〔朴榮實〕「한국전쟁기 미국의 대만군 활용 구상〔朝鮮戦争期の米国の台湾軍活用構想〕」『亞細亞研究』六三（四）、二〇二〇年

박정현〔朴正鉉〕「미・중 화해와 한국-타이완 관계—외교정책 결정자들의 인식과 대응—〔米中和解と韓国・台湾関係—外交政策決定者たちの認識と対応—〕」『아세아연구〔アジア研究〕』一五七、二〇一四年

백영서〔白永瑞〕「추천사〔推薦辞〕」나리타 지히로〔成田千尋〕著 임경화〔林慶花〕訳『오키나와 반환과 동아시아 냉전체제—류큐/오키나와의 귀속과 기지 문제의 변용—〔沖縄返還と東アジア冷戦体制—琉球・沖縄の帰属／基地問題の変容—〕』소명출판〔ソミョン出版〕、二〇二二年

서상문〔徐相文〕「'중화민국'의 한국전쟁 참전활동 論考〔中華民国の朝鮮戦争参戦活動論考〕」『중국근현대사연구〔中国近現代史研究〕』九一、二〇二一年

왕엔메이〔王恩美〕「아시아민족반공연맹의 주도권을 둘러싼 한국과 중화민국의 갈등과 대립（1953～1956）〔アジア民族反共連盟の主導権をめぐる韓国と中華民国の葛藤と対立（一九五三～一九五六）〕」『아세아연구〔アジア研究〕』一五三、二〇一三年

임경화〔林慶花〕「'분단'과 '분단'을 잇다—미군정기 오키나와의 국제연대운동과 한반도—〔「分断」と「分断」を結ぶ—米軍政期沖縄の国際連帯活動と朝鮮半島—〕」『상허학회〔尚虚學會〕』四四、二〇一五年

정형아〔鄭炯兒〕「이승만・장제스 정부의 군사적 위기、협력모색、그리고 좌절（一九四九～一九五〇）〔李承晩・蔣介石政府の軍事的危機、協力の模索、そして挫折（一九四九～一九五〇）〕」『군사

〔軍事〕』一一二、二〇一九年
정형아〔鄭炯兒〕「6.25 전쟁발발 전후 장제스의 '반공대륙（反攻大陸）' 구상〔朝鮮戦争勃発前後の蔣介石の「反攻大陸」構想〕」『중국근현대사연구〔中国近現代史研究〕』八七、二〇二〇年

論文・雑誌記事（中国語）

王　建朗「大国意识与大国作为―抗战后期的中国国际角色定位与外交努力―」『历史研究』第六期、二〇〇八年
許　育銘「冷戰時期東亞局勢下的琉球與台灣關係―以一九六六年中華民國琉球友好訪問團為中心―」『社会システム研究』二九、二〇一四年
侯　毅「中美在开罗会议上关于琉球问题的讨论及其影响」『中国边疆学』第八集、二〇一七年
黄　俊凌「二〇世纪五〇至六〇年代台湾与琉球经贸关系初探―以国民党当局台琉经贸政策为中心―」『台湾研究集刊』第五期、二〇一五年
黄　俊凌「战后国民政府的琉球政策与琉球划界分岛问题探析」『边界与海洋研究』第一期第四巻、二〇一九年
蔡　璋「奄美大島的史實」『中國一周』一八九、一九五三年
朱卫斌・李庆成「论台湾当局与美国关于钓鱼岛问题的交涉（一九七〇～一九七一）」『中国边疆史地研究』第二五巻第一期、二〇一五年
徐一鸣・张生「〝政治全在实际〟―抗战胜利前后蒋介石的琉球认知与措置―」『民国档案』第四期、二〇一九年

褚　静涛「蔡璋与琉球革命同志会」『安徽史学』第三期、二〇一九年
刘　玉山「论二战后中国民间社会舆论视阈下的琉球归属问题（一九四五～一九四九年）」『安徽史学』第五期、二〇一九年

書籍（日本語）

新崎盛暉『沖縄を越える―民衆連帯と平和創造の核心現場から―』凱風社、二〇一四年
伊藤　潔『台湾―四百年の歴史と展望―』中央公論新社、二〇二〇年
井上正也『日中国交正常化の政治史』名古屋大学出版会、二〇一〇年
上里隆史『琉日戦争一六〇九―島津氏の琉球侵攻―』ボーダーインク、二〇一〇年
上原康助『道なかば』琉球新報社、二〇〇一年
沖縄県教職員組合戦争犯罪追及委員会編『これが日本軍だ―沖縄戦における残虐行為―』沖縄県教職員組合、一九七二年
沖縄国際大学総合研究機構沖縄法政研究所『沖縄法政研究所共同研究調査報告書　石川元平氏オーラル・ヒストリー―共同研究「戦後沖縄政治史の研究」―』一、沖縄国際大学総合研究機構沖縄法政研究所、二〇一六年
呉　世宗『沖縄と朝鮮のはざまで―朝鮮人の〈可視化／不可視化〉をめぐる歴史と語り―』明石書店、二〇一九年
我部政明・豊田祐基子『東アジアの米軍再編―在韓米軍の戦後史―』吉川弘文館、二〇二二年
川島真ほか『日台関係史―一九四五～二〇二〇― 増補版』東京大学出版会、二〇二〇年

木宮正史『国際政治のなかの韓国現代史』山川出版社、二〇一二年
小島瓔禮著、豊平峰雲毛筆『万国津梁の鐘—大交易時代の琉球の生き証人—』沖縄総合図書、二〇〇〇年
小松　寛『日本復帰と反復帰—戦後沖縄ナショナリズムの展開—』早稲田大学出版部、二〇一五年
櫻井　溥『沖縄祖国復帰物語』大蔵省印刷局、一九九九年
櫻澤　誠『沖縄の復帰運動と保革対立—沖縄地域社会の変容—』有志舎、二〇一二年
櫻澤　誠『沖縄現代史』中央公論新社、二〇一五年
周恩来・キッシンジャー、毛里和子・増田弘監訳『周恩来・キッシンジャー機密会談録』岩波書店、二〇〇四年
新城俊昭『教養講座琉球・沖縄史』編集工房東洋企画、二〇一四年
瀬長亀次郎『瀬長亀次郎回想録』新日本出版社、一九九一年
平良好利『戦後沖縄と米軍基地—「受容」と「拒絶」のはざまで一九四五～一九七二—』法政大学出版局、二〇一二年
崔　慶原『冷戦期日韓安全保障関係の形成』慶應義塾大学出版会、二〇一四年
徳田友子『コザから吹く風—中根章の奔流の軌跡—』ボーダーインク、二〇一三年
鳥山　淳『沖縄／基地社会の起源と相克—一九四五～一九五六—』勁草書房、二〇一三年
中島琢磨『沖縄返還と日米安保体制』有斐閣、二〇一二年
波平恒男『近代東アジア史のなかの琉球併合—中華世界秩序から植民地帝国日本へ—』岩波書店、二〇

一四年
成田千尋『沖縄返還と東アジア冷戦体制―琉球／沖縄の帰属・基地問題の変容―』人文書院、二〇二〇年
日本経済新聞社編『私の履歴書』四二集、日本経済新聞社、一九七一年
野添文彬『沖縄返還後の日米安保―米軍基地をめぐる相克―』吉川弘文館、二〇一六年
野添文彬『沖縄米軍基地全史』吉川弘文館、二〇二〇年
林　博史『朝鮮戦争―無差別爆撃の出撃基地・日本―』高文研、二〇二三年
比嘉康文『「沖縄独立」の系譜―琉球国を夢見た六人―』琉球新報社、二〇〇四年
白永瑞著、趙慶喜監訳、中島隆博解説『共生への道と核心現場―実践課題としての東アジア―』法政大学出版局、二〇一六年
前田勇樹・古波蔵契・秋山道宏編『つながる沖縄近現代史―沖縄のいまを考えるための十五章と二十のコラム―』ボーダーインク、二〇二一年
森亜紀子『複数の旋律を聞く―沖縄・南洋群島に生きたひとびとの声と生―』新月舎、二〇一六年
屋良朝苗『激動八年―屋良朝苗回想録―』沖縄タイムス社、一九八五年
劉　仙姫『朴正熙の対日・対米外交―冷戦変容期韓国の政策、一九六八～一九七三年―』ミネルヴァ書房、二〇一二年
吉沢　南『ベトナム戦争と日本』岩波書店、一九八八年
吉浜忍・林博史・吉川由紀編『沖縄戦を知る事典―非体験世代が語り継ぐ―』吉川弘文館、二〇一九年

李　東俊『未完の平和―米中和解と朝鮮問題の変容　一九六九～一九七五年―』法政大学出版局、二〇一〇年
琉球新報社編『世替わり裏面史―証言に見る沖縄復帰の記録―』琉球新報社、一九八三年
琉球新報社編『一条の光―屋良朝苗日記　上―』琉球新報社、二〇一五年
ロバート・D・エルドリッヂ『沖縄問題の起源―戦後日米関係における沖縄　一九四五―一九五二―』名古屋大学出版会、二〇〇三年

書籍（中国語）

蔡璋『琉球亡国史譚』正中書局、一九五一年
朱徳蘭主編『琉球沖縄的光和影―海域亜洲的視野―』五南圖書出版股份有限公司、二〇一八年

著者紹介

一九八七年、兵庫県に生まれる

二〇一八年、京都大学大学院文学研究科博士課程修了

現在、立命館大学衣笠総合研究機構助教、博士(文学)

〔主要著書〕

『沖縄返還と東アジア冷戦体制—琉球/沖縄の帰属・基地問題の変容—』(人文書院、二〇二〇年)

歴史文化ライブラリー

592

世界史のなかの沖縄返還

二〇二四年(令和六)四月一日　第一刷発行

著　者　成《なり》田《た》千《ち》尋《ひろ》

発行者　吉川道郎

発行所　株式会社　吉川弘文館

東京都文京区本郷七丁目二番八号

郵便番号一一三—〇〇三三

電話〇三—三八一三—九一五一〈代表〉

振替口座〇〇一〇〇—五—二四四

https://www.yoshikawa-k.co.jp/

印刷＝株式会社 平文社

製本＝ナショナル製本協同組合

装幀＝清水良洋・宮崎萌美

ISBN978-4-642-05992-3

歴史文化ライブラリー

1996. 10

刊行のことば

現今の日本および国際社会は、さまざまな面で大変動の時代を迎えておりますが、近づきつつある二十一世紀は人類史の到達点として、物質的な繁栄のみならず文化や自然・社会環境を謳歌できる平和な社会でなければなりません。しかしながら高度成長・技術革新にともなう急激な変貌は「自己本位な刹那主義」の風潮を生みだし、先人が築いてきた歴史や文化に学ぶ余裕もなく、いまだ明るい人類の将来が展望できていないようにも見えます。このような状況を踏まえ、よりよい二十一世紀社会を築くために、人類誕生から現在に至る「人類の遺産・教訓」としてのあらゆる分野の歴史と文化を「歴史文化ライブラリー」として刊行することといたしました。

小社は、安政四年（一八五七）の創業以来、一貫して歴史学を中心とした専門出版社として書籍を刊行しつづけてまいりました。その経験を生かし、学問成果にもとづいた本叢書を刊行し社会的要請に応えて行きたいと考えております。

現代は、マスメディアが発達した高度情報化社会といわれますが、私どもはあくまでも活字を主体とした出版こそ、ものの本質を考える基礎と信じ、本叢書をとおして社会に訴えてまいりたいと思います。これから生まれでる一冊一冊が、それぞれの読者を知的冒険の旅へと誘い、希望に満ちた人類の未来を構築する糧となれば幸いです。

吉川弘文館

歴史文化ライブラリー

歴史文化ライブラリー

強制された健康 日本ファシズム下の生命と身体――藤野　豊
「自由の国」の報道統制 大戦下の日系ジャーナリズム――水野剛也
学徒出陣 戦争と青春――蜷川壽惠
特攻隊の〈故郷〉 霞ヶ浦・筑波山・北浦・鹿島灘――伊藤純郎
陸軍中野学校と沖縄戦 知られざる少年兵「護郷隊」――川満　彰
沖縄戦の子どもたち――川満　彰
沖縄からの本土爆撃 米軍出撃基地の誕生――林　博史
原爆ドーム 物産陳列館から広島平和記念碑へ――頴原澄子
米軍基地の歴史 世界ネットワークの形成と展開――林　博史
沖縄米軍基地全史――野添文彬
世界史のなかの沖縄返還――成田千尋
考証　東京裁判 戦争と戦後を読み解く――宇田川幸大
ふたつの憲法と日本人 戦前・戦後の憲法観――川口暁弘
戦後文学のみた〈高度成長〉――伊藤正直
首都改造 東京の再開発と都市政治――源川真希
鯨を生きる 鯨人の個人史・鯨食の同時代史――赤嶺　淳

文化史・誌

山寺立石寺 霊場の歴史と信仰――山口博之
神になった武士 平将門から西郷隆盛まで――高野信治
跋扈する怨霊 祟りと鎮魂の日本史――山田雄司
将門伝説の歴史――樋口州男
殺生と往生のあいだ 中世仏教と民衆生活――苅米一志
浦島太郎の日本史――三舟隆之
おみくじの歴史 神仏のお告げはなぜ詩歌なのか――平野多恵
〈ものまね〉の歴史 仏教・笑い・芸能――石井公成
スポーツの日本史 遊戯・芸能・武術――谷釜尋徳
戒名のはなし――藤井正雄
墓と葬送のゆくえ――森　謙二
運　慶 その人と芸術――副島弘道
ほとけを造った人びと 止利仏師から運慶・快慶まで――根立研介
祇園祭 祝祭の京都――川嶋將生
洛中洛外図屛風 つくられた〈京都〉を読み解く――小島道裕
化粧の日本史 美意識の移りかわり――山村博美
乱舞の中世 白拍子・乱拍子・猿楽――沖本幸子
神社の本殿 建築にみる神の空間――三浦正幸
古建築を復元する 過去と現在の架け橋――海野　聡
生きつづける民家 保存と再生の建築史――中村琢巳
大工道具の文明史 日本・中国・ヨーロッパの建築技術――渡邉　晶
苗字と名前の歴史――坂田　聡
日本人の姓・苗字・名前 人名に刻まれた歴史――大藤　修

歴史文化ライブラリー

日本料理の歴史——熊倉功夫
日本の味　醤油の歴史——林 玲子・天野雅敏編
中世の喫茶文化 儀礼の茶から「茶の湯」へ——橋本素子
香道の文化史——本間洋子
天皇の音楽史 古代・中世の帝王学——豊永聡美
話し言葉の日本史——野村剛史
ガラスの来た道 古代ユーラシアをつなぐ輝き——小寺智津子
たたら製鉄の歴史——角田徳幸
金属が語る日本史 銭貨・日本刀・鉄炮——齋藤 努
賃金の日本史 仕事と暮らしの一五〇〇年——高島正憲
書物と権力 中世文化の政治学——前田雅之
気候適応の日本史 人新世をのりこえる視点——中塚 武
災害復興の日本史——安田政彦

民俗学・人類学

古代ゲノムから見たサピエンス史——太田博樹
日本人の誕生 人類はるかなる旅——埴原和郎
倭人への道 人骨の謎を追って——中橋孝博
役行者と修験道の歴史——宮家 準
幽霊 近世都市が生み出した化物——髙岡弘幸
遠野物語と柳田國男 日本人のルーツをさぐる——新谷尚紀

世界史

ドナウの考古学 ネアンデルタール・ケルト・ローマ——小野 昭
神々と人間のエジプト神話 魔法・冒険・復讐の物語——大城道則
中国古代の貨幣 お金をめぐる人びとと暮らし——柿沼陽平
渤海国とは何か——古畑 徹
アジアのなかの琉球王国——高良倉吉
琉球国の滅亡とハワイ移民——鳥越皓之
イングランド王国前史 アングロサクソン七王国物語——桜井俊彰
ヒトラーのニュルンベルク 第三帝国の光と闇——芝 健介
帝国主義とパンデミック 医療と経済の東南アジア史——千葉芳広
人権の思想史——浜林正夫

考古学

タネをまく縄文人 最新科学が覆す農耕の起源——小畑弘己
イヌと縄文人 狩猟の相棒、神へのイケニエ——小宮 孟
顔の考古学 異形の精神史——設楽博己
〈新〉弥生時代 五〇〇年早かった水田稲作——藤尾慎一郎
弥生人はどこから来たのか 最新科学が解明する先史日本——藤尾慎一郎
文明に抗した弥生の人びと——寺前直人
樹木と暮らす古代人 木製品が語る弥生・古墳時代——樋上 昇
アクセサリーの考古学 倭と古代朝鮮の交渉史——高田貫太

歴史文化ライブラリー

六波羅探題 京を治めた北条一門——森 幸夫
大道 鎌倉時代の幹線道路——岡 陽一郎
仏都鎌倉の一五〇年——今井雅晴
鎌倉北条氏の興亡——奥富敬之
鎌倉幕府はなぜ滅びたのか——永井 晋
武田一族の中世——西川広平
三浦一族の中世——高橋秀樹
伊達一族の中世 「独眼龍」以前——伊藤喜良
弓矢と刀剣 中世合戦の実像——近藤好和
その後の東国武士団 源平合戦以後——関 幸彦
曽我物語の史実と虚構——坂井孝一
鎌倉浄土教の先駆者 法然——中井真孝
親 鸞——平松令三
親鸞と歎異抄——今井雅晴
畜生・餓鬼・地獄の中世仏教史 因果応報と悪道——生駒哲郎
神や仏に出会う時 中世びとの信仰と絆——大喜直彦
神仏と中世人 宗教をめぐるホンネとタテマエ——衣川 仁
神風の武士像 蒙古合戦の真実——関 幸彦
鎌倉幕府の滅亡——細川重男
足利尊氏と直義 京の夢、鎌倉の夢——峰岸純夫
高 師直 室町新秩序の創造者——亀田俊和
新田一族の中世 「武家の棟梁」への道——田中大喜
皇位継承の中世史 血統をめぐる政治と内乱——佐伯智広
地獄を二度も見た天皇 光厳院——飯倉晴武
南朝の真実 忠臣という幻想——亀田俊和
信濃国の南北朝内乱 悪党と八〇年のカオス——櫻井 彦
中世の巨大地震——矢田俊文
大飢饉、室町社会を襲う！——清水克行
中世の富と権力 寄進する人びと——湯浅治久
中世は核家族だったのか 民衆の暮らしと生き方——西谷正浩
出雲の中世 地域と国家のはざま——佐伯徳哉
中世武士の城——齋藤慎一
戦国の城の一生 つくる・壊す・蘇る——竹井英文
九州戦国城郭史 大名・国衆たちの築城記——岡寺 良
戦国期小田原城の正体 「難攻不落」と呼ばれる理由——佐々木健策
徳川家康と武田氏 信玄・勝頼との十四年戦争——本多隆成
戦国大名毛利家の英才教育 元就・隆元・輝元と妻たち——五條小枝子
戦国大名の兵粮事情——久保健一郎
戦国時代の足利将軍——山田康弘
足利将軍と御三家 吉良・石橋・渋川氏——谷口雄太

歴史文化ライブラリー

〈武家の王〉足利氏 戦国大名と足利的秩序――谷口雄太
室町将軍の御台所 日野康子・重子・富子――田端泰子
名前と権力の中世史 室町将軍の朝廷戦略――水野智之
摂関家の中世 藤原道長から豊臣秀吉まで――樋口健太郎
戦国貴族の生き残り戦略――岡野友彦
鉄砲と戦国合戦――宇田川武久
検証 川中島の戦い――村石正行
検証 長篠合戦――平山 優
検証 本能寺の変――谷口克広
明智光秀の生涯――諏訪勝則
加藤清正 朝鮮侵略の実像――北島万次
落日の豊臣政権 秀吉の憂鬱、不穏な京都――河内将芳
豊臣秀頼――福田千鶴
天下人たちの文化戦略 科学の眼でみる桃山文化――北野信彦
イエズス会がみた「日本国王」 天皇・将軍・信長・秀吉――松本和也
海賊たちの中世――金谷匡人
アジアのなかの戦国大名 西国の群雄と経営戦略――鹿毛敏夫
琉球王国と戦国大名 島津侵入までの半世紀――黒嶋 敏
天下統一とシルバーラッシュ 銀と戦国の流通革命――本多博之

近世史

慶長遣欧使節 伊達政宗が夢見た国際外交――佐々木 徹
徳川忠長 兄家光の苦悩、将軍家の悲劇――小池 進
女と男の大奥 大奥法度を読み解く――福田千鶴
大奥を創った女たち――福田千鶴
江戸のキャリアウーマン 奥女中の仕事・出世・老後――柳谷慶子
江戸に向かう公家たち みやこと幕府の仲介者――田中暁龍
細川忠利 ポスト戦国世代の国づくり――稲葉継陽
家老の忠義 大名細川家存続の秘訣――林 千寿
隠れた名君 前田利常 加賀百万石の運営手腕――木越隆三
明暦の大火 「都市改造」という神話――岩本 馨
〈伊達騒動〉の真相――平川 新
江戸の町奉行――南 和男
大名行列を解剖する 江戸の人材派遣――根岸茂夫
江戸大名の本家と分家――野口朋隆
〈甲賀忍者〉の実像――藤田和敏
江戸の武家名鑑 武鑑と出版競争――藤實久美子
江戸の出版統制 弾圧に翻弄された戯作者たち――佐藤至子
武士という身分 城下町萩の大名家臣団――森下 徹
旗本・御家人の就職事情――山本英貴